피로의 필요

피로의 필요

김지윤 시집

청색종이

시인의 말

나뭇잎과 꽃잎들마다, 져 버리고 시들어 버릴 모든 존재들에
이슬과 햇살과 바람으로 적혀 있는 희미한 진심을 읽는다.
사람들 안에 작은 빛으로 서려 있는,
부서지고 사라지기 쉬운 선의를 본다.
잃고 싶지 않다는 건, 두려워지는 일이다. 하지만
두렵지 않은 삶은 살고 싶지 않다.

김지윤

차례

피로의 필요

김지윤 시집

05 시인의 말

I
우리가 서로의 색에 가까워질 때까지

13 빗금으로부터
15 데자뷔
16 세상 모든 것들의 소음
18 봄
20 피로의 필요
22 라스트 컷
24 당연한 말
26 B-side
28 적우(積雨)
30 색상표
32 오히려 좋은
34 오늘의 하늘
36 겨울잠
38 전설(傳說)
40 화음
42 Microtone
44 흰
46 미니멀리즘

II
비를 기억하는 우산

- 49 우산
- 51 숟가락
- 52 혼동
- 54 무렵
- 56 일요일의 옷장
- 58 산성의 바다
- 60 스미는 숨
- 63 오래된 필름
- 64 복원
- 66 당신, 어둡고도 환한
- 68 산수국
- 70 첫 줄
- 72 불면증
- 74 리얼리티 마이너스
- 76 케이크 레시피
- 78 사과 한 알

III
참을 수 없이 가벼운 것들

- 81 대나무
- 82 12월의 고해
- 84 105동 108호
- 86 비
- 87 수선화
- 88 낯선 몸
- 90 큰넓궤

- 92 헛묘
- 94 서글픈 것들
- 96 둥글고 둥근
- 98 병(病)
- 100 참을 수 없이 가벼운 것들
- 102 선(線)
- 104 한 송이
- 106 혹시
- 108 눈 오는 날
- 110 충분
- 112 온도차

IV
지울 수 없는 문장

- 115 수정난풀
- 116 우린,
- 118 작별
- 120 늦봄
- 122 이글루
- 124 실수
- 125 새들, 날아가네
- 126 놀이동산
- 127 어느 날
- 128 가까이에서
- 130 빛을 그리다
- 132 닮은 사람
- 134 상처

135 순간
136 소인국
138 헨젤과 그레텔

발문
143 빗금처럼, 스미는 | 신철규(시인)

해설
149 진 꽃들의 기억에 숨을 불어 넣는 시 | 이경수(문학평론가)

I

우리가 서로의 색에 가까워질 때까지

빗금으로부터

빗금 그어진 문장
거기서부터 이야기를 시작하자

그림자와 그늘이 구분되지 않고
햇살과 전등 빛이 분간되지 않을 때
시점이 사라지고
점점 흐려지는 소실점

더 이상 어디를 향해야 할지 모르고
서로의 거리를 알 수 없게 되고
길이 모이는 곳에서 만나자던
약속이 사라질 때

다시 이야기를 시작하자

누설하지 않았던 혼잣말
모르는 세계의 첫 언어처럼 발음하며
다시 서로를 처음 보는 사람처럼 눈에 담으며

낯선 질문을 하듯 이름을 부르면
대답으로 새로운 문장이 태어날 거야

빗금은
새로운 행과 연이 시작되는 지점

빗줄기는 사선을 그리며 내리고
별들은 기울어지며 흐르네,
넝쿨은 비스듬히 타올라 담장을 넘지

세상의 층계는 모두 빗금을 닮아서
뒤집으면 위로 향하던 계단들이
새로운 방향으로 비스듬하게 서겠지

그러니
빗금으로부터

데자뷔

꿈의 결말을 아는 사람은 없다
사랑을 할 때마다 겪은 일인 것 같다
웃을 때마다 곧 울게 될 것 같다
하룻밤 다음에 또 하룻밤
하루아침 다음에 또 하루아침
길을 찾으면 곧 헤맬 것 같다
답을 찾으면 곧 잃을 것 같다
노래를 찾으면 곧 침묵해야 할 것 같다
하룻밤 전에 있던 하룻밤
하루아침 전에 있던 하루아침
아침마다 새로 당도하는 질문들
사라질 줄 알면서 또 찾아오는 밤
몇 번이고 몇 번이고 다시 우리는
영영 잠들지 못할 것처럼 깨어나고
영영 깨어나지 않을 것처럼 잠들고
또, 다시, 그래도 한번 더

세상 모든 것들의 소음

인사를 하지 않았다

꽃이 지는 것처럼, 바람이 잦아든 것처럼
그렇게 사라지는 것도 있는 법이다
작은 그림자 드리우던 꽃잎처럼
어느 날 내려 쌓였던 밤눈처럼

빗방울은 마른 뒤엔 흔적도 없고
꽃이 졌다는 것을 나무는
겨울이 오면 잊게 될 테지

하지만 소리는 기억에 오랜 자취를 남기고
어떤 날의 빗소리처럼 문득 떠올리겠지
바람이 부는 소리, 꽃이 흔들리는 소리
귓가에 속삭였던 아득한 그 말들

세상의 온갖 소음 속에서
묻힌 채 살아 있는 것들,

묵묵히 먼 길 따라오다가
문득, 자기 발걸음 소리를 듣게 하는 것

누군가의 말끝에 또 울려오는 소리의 기억
빗소리에, 바람 소리에 조용히 묻으며
잊겠다는 말은 하지 않았다
뭔가를 알고 난 후에도 마치 모르는 것처럼
살아갈 수는 있다

세상 모든 것들의 소음 속에서
소리를 껴안는 연습을 하면

봄

지난해의 꽃들은
어느 땅에 묻혀 있을까
아름다운 것들이 죽어서 이름이 없어진
잃어버린 시절의 흔적을 감추는 겨울 흙
작은 씨앗의 뿌리는 죽은 이름을 먹고 자라나
푸르러질 준비를 하고
바람은 속삭이지, 네 차례야
그러면 낡은 땅에서 새 풀이, 늙은 가지에 연한 잎이
다시 낡아질 줄 알면서도 한철 마음껏 돋아나
우리는 그것들을 신록이라고 부르지
어차피 역사란 그런 것
죽은 이름이 산 이름을 기르고
새로운 것으로 가득한 눈부신 봄날
문득 스치는 바람으로 옛 냄새를 기억하는 것
언 땅을 뚫고 끝내 피고야 마는 꽃들을
쓰다듬는 바람, 입술을 적시는 빗방울
젖은 노래들이 하염없이 계속되는 메들리
그리고 또다시 시간이 깊어지면

찰나의 빛을 품은 침묵이 땅에 묻히고
서리가 내리고 눈이 쌓여 한동안 고요해져도
정녕 끝나지는 않는 그런 노래를,
우리는 봄이라고 부르지

피로의 필요

우린 오래 달려서 길을 잃었지

엔진이 없는 롤러코스터
그걸 달리게 하는 건 오직
너의 위치에너지, 나의 운동에너지
높았다, 낮았다 완만했다 다시 떨어지는 중

바퀴에 감기는 둥근 바람에
서로의 손을 잡고 그냥 그대로
지구를 떠날 수 있다고 믿었지
멀리서 손을 흔들며

어디든 갈 수 있을 것 같을 때
언제나 우릴 짓누르는 건 관성
우릴 붙드는 건 중력
불행만큼이나 꿈도 두려웠던, 우린

기우는 햇살 아래 꽃 그림자
희미하게 남은 노을의 자취

무언가 사라져 가는 자리에
어른거리는 그런 것들만 사랑했지

우린 웃음으로도 지칠 수 있네
그렇게 먼 길을 쉼 없이 달려오느라
제대로 풍경을 남기지도 못했지
피로가 알려 주는 것들

엔진 없는 열차는 결국 멈춘다는 걸
롤러코스터 속에서는 생각할 수 없었지
끝은 언제나 바깥에서 오는 것
속도가 느려지면 바람이 말하지, 멈출 때야

마음 둘이 마음 둘 곳을 잃으면
마음 하나만 남아 혼자 대기석에 앉지
왜 아름다운 것들은 끝이 오기 전에 끝나나
끝을 배우기 위해 더 살아야겠다고

세상의 모든 피곤한 것들은 불 꺼진 곳으로 가네

라스트 컷

마지막 장면들만 모은 필름을 가지고 싶어

먼 길로 사라지는 뒷모습과
마주보는 두 얼굴들과
닫히는 문들,

사랑이 이루어지고
악당으로부터 지구를 구한 뒤에
긴 여름의 끝, 소년이 어린 시절과 작별한 후

서른 살이 되고, 마흔 살이 되고
아이가 자라서 집을 떠나고
누군가를 영영 잃어버린 후
그 다음 날의 새벽에 스미는 햇살

형편없이 참패한 넋 나간 얼굴들
빛나는 우승자의 광채
트로피와 쓰레기 위에 드리우는 어둠

사람들이 빠져나간 빈 운동장을,

찬찬히 들여다보고 싶은 건 이런 것들
너무 빨라 읽지 못하는 엔딩 크레딧
페이드아웃 되는 텅 빈 얼굴들
마침표를 손끝으로 오래 만져 닳게 해야지

세상의 모든 저주이자 축복인 라스트 신들
극장에 사람들이 다 나간 뒤
혼자서 보고 또 볼 수 있도록
모든 닫힌 문들이 헐거워 열릴 때까지

시 「라스트 컷」 영상

당연한 말

다 그렇지, 라는 당연한 말

떨어지는 꽃에게 바람이 하는 말
그 꽃잎들이 짓밟히는 소리
새로 난 어린싹 위로 몸을 기울여
함부로 그늘을 쏟아 버리는 키 큰 나무가
남은 햇볕 한 점까지 거두어 가는 소리

다들 그래, 라는 말

어둠이 저 닮은 어둠을 감춰 주는 말
가고 싶은 곳들을 지도에서 지우고
끝없이 이어진 똑같은 집들을 그리며
날 선 펜촉이 종이의 연한 살을 긁어대는 소리
조용히. 쉿. 혹은 닥쳐, 같은 소리

하지만 함께 젖는대도 나는 추워,
남이 젖는 걸 본다고 따뜻해지진 않으니

젖은 사람들끼린 모여 앉아도 더 축축해질 뿐
하지만 그렇게 말해도 되풀이되는

다 그런 거지, 라는 말

상냥하고 무관심한 목소리
당연한 세상에 당연한 말은 왜 이리 많은지
바람결에 저절로 밀리는 문처럼
눈앞에서 무언가가 굳게 닫히는 소리
공기에 서서히 퍼지는 피 냄새

아니야, 아니야라고 해 봐

묘비 없는 봉분들처럼 무안한 얼굴을 하고라도
버려진 말들을 하나씩 주워 들고
어쩌면 가망이 없더라도, 우린 모두 닮은 어둠이라도
아니, 그런 게 아니야라고 있는 힘을 다해서.

B-side[*]

B-사이드는 보너스 트랙
리드싱어는 타이틀곡을 부르고
스포트라이트 바깥의 어둠을 잊지

더 이상
잃어버린 것들이 쓸쓸하지 않은
눈 감으면 영영 평화로울 것 같은

그런 시간 속에선
B-사이드의 노래들은 들려오지 않지

라디오에서 틀어 주지 않는 희망곡
잊힌 명곡들은
B-사이드에 있어

비운 것과 떠난 것과 사라진 것을
분간할 줄 모르게 된 이후에

---

[*] (레코드판의) 타이틀 곡이 있는 앞면(A면)이 아닌 뒷면.

싸늘해질 일에도 피가 식지 않고
마음이 뜨거워도 오한이 나지 않을 때

잃은 것과 빼앗긴 것, 버린 것을
구별할 수 없게 되었다는 걸
모르고, 모른 척한 채

모르는 죽음들, 애도하지 않은 상실
꺼져 버린 등불들
언제나 B-사이드에 있었지
사라지며, 사라지며, 그래도 살아지며

제목을 잊어버린 노래,
가사가 생각나지 않는 그 노래
원한다면 뒤집기만 하면 돼

조금 시끄러워질 거야,
볼륨을 높일 준비를 해.

적우(積雨)

비가 온다는데
고장 난 우산 하나 들고 나왔다
막을 수 없는 건
어차피 비뿐만이 아니다
이젠 소용없어진 문서 한 꾸러미 가득 든
무거운 가방 들고 집에 가는 길
떨어지는 빗방울들
추락하는 것들로 가득 찬 공기
우산을 두드리는 빗소리는 무언가를 절박하게
외치는 것만 같다 알아들을 수 없는
내가 모르는 세계의 언어인 것처럼
비명처럼 들린다
흐린 날엔 그림자도 사라져
내가 유령인 것 같다
차가운 빗줄기는 빈틈을 잘 파고든다
손쓸 수 없게 가방이 젖고
그 안에 든 것도 형편없이 망가졌을 것이다
이런 우산이어도 있는 편이 나은가

이런 가방이라도 버리지 않는 게 나은가
비는 계속해서 뭐라고 외치고 있다
저 말 속에 진실이 있는 것 같다
내가 꼭 알아야 할 무언가가
우산은 이미 많이 겪었을 것이다
아픈 뼈처럼 두어 개 부러져 있는 우산 살
그럼에도 불구하고
맞서 싸울 무언가가
아직도 남아 있다는 듯이

색상표

더 이상 당신의 색을 기억하지 못해

너무 멀리서 따로 헤매며
서로의 색깔 사이에 벽이 생겨
점점 더 엷어져 흐려지고 빛바래고
그늘지고 얼룩지고 더럽혀졌지

내 파란색은 당신의 파란색과 달라
당신의 붉은색은 나의 붉은색과 달라

푸른색을 이해하려면
옥빛과 진청과 청록을,
새잎 돋는 초록의 숲과 검푸른 심연을
다 알아야만 하지, 아마 당신의 푸른색은
터키시블루와 인디고와 로얄블루 사이 어디쯤

붉은색을 이해하려면
불그스레함과 검붉음,

아침노을의 희미함과 황혼녘의 진홍을
모두 알아야 해, 왜냐하면 당신의 붉은색은
버건디와 코랄과 크림슨 사이 어딘가에

붓을 들어 색깔을 섞어
멈추지 마
더 많은 색깔들 사이를 건너

벽들이 서서히 녹고
우리가 서로의 색에 가까워질 때까지

오히려 좋은

내가 모르는 운명이 정해지고 있다면
누군가 그것을 미리 그려 놓는 중이라면

물통을 쏟자
궁금해하자
밑그림 밖에서 벌어질 일
밑그림이 사라진 후 생겨날 것들을

섞어둔 물감에 다른 색이 떨어져
번지고 번지는, 물방울들이
흘러 가 닿을 곳

바람과 파도가 만드는
모래톱의 모양을 예상할 수 없듯이
그것이 또 언제 무너질지 모르듯이

때로는 망쳐서 더 좋은 그림도 있는 것이다

빈 그림을 채우는 건 때로 여백
빈 노래를 채우는 건 때로 침묵
사라질 웃음
사라질 고통
사라질, 당신

어떤 것은 해명되지 않고 지나가도
좋은 나이가 되었다

오늘의 하늘

하늘은 날씨를 설명하지 않는다
구름이 물감처럼 번져 있는
하늘을 해명할 길은 없고

내일은 또 다르겠지
내일의 눈은 내일 맞아야 하고
내일의 빗소리는 내일 들어야지

어제는 비가 왔고
오늘은 햇살이 빛나지만
이것도 지나갈 하루

꽃이 시들고 노을이 지듯
지금 아름다운 것도
끝날 것이다

하지만 끝이 없다면
무엇도 아름답지 않겠지

내일이면 하루만큼 더 늙게 될
사람들끼리 손잡고 걷는다

젖어 있는 흙길에 찍히는
나란한 발자국들
곧 지워지겠지만

오늘은 하늘이 맑다

담쟁이는 담장을 오른다
벽이 담쟁이에게
등을 빌려 주었기 때문에

담장 위에선 하늘이 잘 보일 것이다

겨울잠

봄은 아무 것도 기억하지 않는다
지난해의 꽃들도
그전 해의 열매도

그저 다시 잎이 돋고
봄볕이 새순 위로 비쳐든다
무서운 일이다

겨울이 무심하듯이
봄도 그러하므로

작별할 수 없는 건
사람의 마음뿐

강은 제 얼굴에 비치던 풍경을
남겨 두지 않고

바다로 흘러가는 물은

물길을 돌리지 않는다

과거형을 사용하는 건
사람의 언어뿐

쉽게 살아지진 않아도
쉽게 사라지지 않아서

깨어나고 싶지 않았다

부를 사람 없는데도
아직
부르는 소리마다 돌아본다

전설(傳說)

 거기 어디쯤에 문이 있었지
 언제 한번 열어 봐야 하는데, 문 열쇠 구멍 앞에서
 녹슨 열쇠꾸러미 쩔렁대며 나 살았지
 어느 날 문을 열어봤더니 길 대신 벽이 있었어
 가지도 않은 길이 끊어져 버렸고
 또 어느 날 문을 열었더니 거울이 있었어
 앞은 안 보이고 지나온 길만 뒤로 비추는 거울,
 그 속을 오래 들여다보면 그게 진짜 세계인 듯했지
 언제는 열었다 도로 닫았어. 바람이 차서, 햇빛이 세서.
 더 이상 문을 열어 보지 않게 되자 별안간 세상은 날
어른 취급했어
 질문이 되지 않는 날들이 문 앞에 쌓여가고
 언젠가 꼭 한 번 다시 열어 보리라고 닫아둔
 내일의 문, 다음 달의 문, 다음 해의 문
 그 앞에서 매일 밥그릇 비우고 잠을 자고 일도 하면서
 그냥 아무렇지도 않게, 오래 열지 않은 문
 술 한 잔 걸치고 문고리만 흔들어 보고
 나중에는 어디가 문이었는지도 알 수 없게 지워지고

멸종한 공룡 흰 뼈다귀 같은 앙상한 이야기만 남았지
이제는 어디가 안인지 바깥인지도 알 수 없는
잠긴 문 앞에서 온 생애가 다 흘러간 후,
저 문이 닫혀 있었기에 차라리 평화로웠노라고
사뭇 진실처럼 거짓말을 할, 그런 문이
그 언젠가 내게도 있었지

화음

빈손은 맞잡으면 채워지지

바람의 말을 잘 들으면
비가 올 때를 알 수 있듯
숲 속 그늘을 따라가면
햇살의 끝자락을 찾을 수 있듯

서로의 소리에 귀 기울여
나는 너의 빈 곳을,
너는 나의 부서진 곳을
기어이 찾아냈고

우린 망가진 채로도 하나가 될 수 있어

모자란 것들이 모여 무수해지면
틈새마다 구멍마다 빼곡히
들어가 메우고 뒤덮으니

흐르고 뒤섞고 흔들자
스미고 들끓고 녹자
우리가 만나서 하나 되기 위해

천천히 서로를 향하여
한 마디, 한 마디씩
한 박자, 한 박자씩

Microtone

물은 녹기 위해 태어난다

당신은 나를 겨울이라 불렀다
흐르는 것들이 불온해지는 계절
오래 머무르는 추위가 되라고

당신이 말하는 대로
무표정하게 고요히 얼어붙어
아름다운 육각형 결정이 되라고

두려워하지 마, 차라리 녹아
깨질 수 없는 물은 상처 입지 않으니
갇히지 않아, 녹은 뒤에는
세상에 스며들어

물의 노래는 미분음(微分音)
무질서의 소리, 사이의 소리
화음에 균열을 내고 오선지를 벗어나

멀리 더 멀리 이어지는 노래

빙하의 끝에서 바다로
얼음을 떠난 것들이
빛의 틈으로 흘러 들어간다
세상의 굽이들과 낮은 곳을 향해

물은
어디까지 갈 수 있을까 묻지 않고
이제 충분해, 라고 하지 않는다
더 흐르기 위해

흰

흰 것들이 언제부터 희었는지는 아무도 모른다
흰 것을 가진 자들은 최초부터였다고 했고
다른 이들은 흰 것들이 표백된 거라고 말했다
어떤 색도 스미지 못하는 흰 것의 코팅된 표면
모두 탄성을 질렀다 얼마나 깨끗한지
흰 것은 안전하고 흰 것은 친절하고 흰 것은 평화로우니
흰 것엔 그리움도 고통도 죄도 없습니다.
결백합니다, 아무것도 하지 않았으니
공장에서 갓 나온 흰 것들 모두 똑같은 흰 것들
모두가 갖고 싶어 하는 흰 것들이
광고판에서 브라운관에서 스크린에서
반짝반짝 빛나면 그들은 말했다
나도 희어지고 싶어,
피곤해 졸려 너무 시끄러워
흰 것이 탐난 이들은 글씨를, 무늬를, 색깔을 지웠다
세상의 얼룩진 것들 모두 오라
흰 것들이 너희를 구원하리니 편히 잠들라
이 얼마나 선량하고 하얀 언어인가, 감사하게도

우리에게 흰 것이 있으니, 도망칠
하얀 곳이 있어 행복하다
흰 것이 계속 하얗게 있으려면 그저
아무것도 하지 않으면 되지
흰 것들은 점점 더 늘어나서
얼굴들을 지우며 감은 눈과 닫힌 입만 남겨 놓았다
하얀 눈꺼풀과 하얀 입들, 축복받은 휴식
그들이 언제부터 희었는지는 아무도 모르고
사실 그들 중 누구도 그런 것엔 관심이 없었다

미니멀리즘

빈 곳이 많아서 좋다는 말을 들었다

나는 지우개를 들고 다니는 사람
틈만 나면 하나씩 지운다
영원 확신 이치 같은 말들을
지운 자리에 그림을 그린다
생강꽃이나 살구나 물수제비 같은 것들
맨손으로 만질 수 있어 좋은
오래가지 않아서 예쁜 것들을
될 수 있으면 더 작게 줄여서 보고 싶다
최소화라는 말은 무슨 꽃 이름 같지
모르는 것이 많아지면 현명해진다
결말을 누가 몰래 뜯어낸 도서관 책
그런 책을 빌려 와서 사실 기뻤었지
혼잣말처럼 맴도는 사랑밖에 모르는
나는 기다릴 수 있는 사람이다
다 말하지 않고 남겨 두기
그것이 오늘의 결심

잘 찢어져서 좋다는 말을 들었다

II

비를 기억하는 우산

우산

아침나절 내렸던
비 개어 맑은 오후
빗물 마르는 땅 위에서
우산은 마냥 짐스럽다
비 내린 흔적 지우려는 듯
마지막 물기까지 털어내는 사람들
아직도 갈 길은 많이 남았는데
우산을 잃어버릴 것만 같다
말라가는 웅덩이를 바라보다
아직 밟으면 젖을 곳이 남아 있다고 생각하며
괜스레 우산을 힘주어 쥐어 본다
햇빛 아래선 도무지 쓸모없어 보이는 그것을
어디선가 나도 몰래 떨구어 버리지 않으려고
고개를 숙이고 걷는다
우산을 힘껏 쥔 나는 이방인 같다
흘리다 만 눈물처럼 캐노피에 맺힌 물방울
낯선 물건이 되어 버렸다
내내 화창할 것만 같은 하늘 아래서

우산을 잃고 싶지 않다, 잃어버릴 것이다
생각하다 점점 걸음이 느려진다
젖은 발로 가야 할 길은 여전히 멀지만
그래도 아직 나에겐
비를 기억하는 우산이 남아 있다

숟가락

숟가락은 정말 무겁다

가뭄 태풍 지나 뙤약볕 아래 가을걷이한 여문 곡식들
농부의 거친 손 억센 마디마디처럼 얹히고
할인에 할인을 더하는, 폐업 직전의 동네 슈퍼에서
밑지고 파는 가게 주인의 시름이 낡은 동전들처럼 얹히고
야근하는 가장들이 소용도 없이 자꾸만 바라보던
시곗바늘 바삐 지나가는 눈금들이 촘촘이 얹히고
내 새끼 입에 넣어 줄 한 숟갈 밥을 위해
찢어 버린 사직서가 조각조각 얹히고
오른 물가 걱정하며 장바구니 속에 들었다 놨다 하던
찬거리들이 주부의 손맛을 더해 한 점 반찬으로 얹혀서

완성된 하나의 작품,
숟가락은 정말 천근(千斤) 같지

그래도 입에 넣기 바쁘게 사라져 버리는
저 한 숟갈의 무게.

혼동

혼동하기 쉬운 것들의 목록

목단인데 작약인 척
메꽃인데 나팔꽃인 척
생강나무 꽃인데 산수유인 척
신갈나무인데 졸참나무인 척
닮았지만 다른 척
다르지만 닮은 척
눈은 점점 더 어두워지고
목록은 점점 더 길어져 가는데
청설모인데 다람쥐인 척
바늘두더지인데 고슴도치인 척
줄삼치인데 점다랑어인 척
벵갈고양이인데 퓨마인 척
자꾸 가면을 쓰다 보면 그 아래 얼굴은 사라지지
나는 너인가 너는 나인가
그는 그녀인가 그녀는 그인가
앙상한 가지만 남은 나무들 사이에선

헤매기가 더 쉬운 법
언제 그 많던 열매도 나뭇잎도 다 떨어져 버렸나
저 무표정한 겨울나무들

무렵

낙엽 지기 전에 먼저 단풍이 든다

노을 지면 곧 저물녘이 오듯
아름다운 시절의 정점은
곧 잃어버릴 것들이 가장 붉은 때다

우린 추위에 이미 익숙해졌고
아무리 성냥을 켜도 따뜻해지지 않았다
타들어 가며 잠시 빛날 뿐

흔들리는 마음도 매달릴 힘도
더 이상 남지 않을 때 마지막 잎이 지고
비로소 견딜 수 있는 허공이 생긴다

앙상한 가지마다 품고 있는
세상의 모든 결말들
이미 결빙이 시작되면 멈출 수 없다

무심코 셔터를 누른 것처럼
모르게 기록된 뒷모습들
사라지는 모습은 확대되지 않는다

이야기의 끝이 예감될 때
책장을 덮으며 시작되는

겨울이 올 무렵

일요일의 옷장

금요일에 입었던 옷들이 사라질 것 같은
일요일의 옷장 속엔
무릎이 나오고 팔꿈치가 늘어나고 얼룩 묻은
출근복과 외투들, 세탁하기 어려운 평일의 옷들이
낯선 어둠 속에 묻혀있는 중
옷장 안에 귀신 따윈 없어, 라고 아버지는
어린 나를 달래셨었지 그래도
그림자 물든 옷들은 어둠의 형상 같았고
잠깐 가둬둔 사나운 짐승처럼 문틈으로 안광이 빛났지
악몽일 뿐이야, 옷장 문을 닫아 둬. 일요일인 걸
세상을 만들고 신께서도 하루 쉬셨지
사람들도 투명해지는 날
일요일의 사람들은 옷장 속을 모르고
옷장 속의 옷들은 일요일을 이해하지 못해
옷장 안에 넣어 놓고 잊어버린 옷들을 꺼내면
왠지 더 이상 맞지 않을 것 같은 일요일
하지만 난 딸에게 말하지, 옷장 안에 나니아 왕국*은

---

* C. S. 루이스가 지은 판타지 시리즈 『나니아 연대기』에 등장하는

없어
 그건 일요일마다 읽는 동화일 뿐이야
 엄마, 옷들을 다 헤치고 더 안쪽으로 들어가면
 거긴 다른 세상이 있을지도 몰라요
 월요일이 되면 그 세상 문은 닫혀 버리는 거예요
 그건 꿈일 뿐이야, 오늘은 일요일
 옷장 속의 옷들은 나를 잊어버린 것 같고
 저 너머의 목소리가 옷장 안에서 날 부르는 듯해
 그냥 꿈이야, 닫힌 옷장을 열어 보지는 않았지
 별일 없이 월요일을 맞으려면 더 일찍 자야 해
 월요일엔 모두 거짓말처럼 느껴질,
 그러나 왠지 끝나지 않을 것만 같은
 긴긴 일요일 밤에는.

 신화적 마법 세계로 주인공들의 방 옷장 속에 이 세계로 이어지는
 통로가 있어 옷장을 통해 나니아로 들어갈 수 있다.

산성의 바다

흰동가리와 자리돔들을 놓고
어떤 환경과학자가 한 실험.
산성이 되어 가는 바다에서
물고기들은 청력도 미각도 잃어 간다고

조용히, 무감이, 가만히
있으라고, 산성이 되어 버린 바다에선
물고기들이 서서히 조금씩
저도 모르는 새 죽어 간다지

오른쪽, 왼쪽, 방향도 잃게 된다지,
무거운 적막이 도둑처럼 스며들면
잔인한 포식자가 다가와도
물소리조차 들을 수가 없겠지

길 잃은 물고기들 자꾸만 사라져 가고
침묵의 죄를 침묵이 덮고
수많은 목숨들이 무수히 삼켜져 가는

숨막히게, 숨막히게 조용한 날들

세상의 모든 이에게 목소리를 없앤다면
눈 감으면 서로 구별할 수 있을까
같은 맛과 같은 소리만 있고
하나의 기억과 하나의 말만 남는 지옥

넓은 바닷길을 가는 물고기들
눈꺼풀도 없이 얼마나 오래 고요한 심연을 응시할까
소리를 넣어 주고 싶다
온갖 맛들을, 혀 위에 얹어 주고 싶다

시끄러워져라, 세상아

스미는 숨

나는 너를 살리겠어,

땅이 뿌리에게
숲이 나무에게
빛이 어둠에게 하는 말

어딘가의 얼음이 녹고
어딘가의 나무는 불타오를 때
잡을 수 없는 불길 속
모두가 집을 잃어갈 때

찢긴 해안선
모래가 삼킨 호수
더 이상 자라지 않을 검은 뿌리
기다리는 비는 오지 않고

이것은 다만
우리에게 남은 마지막 말

나는 너를 살리겠어,

숨겨진 곳 비집고 들어간
빗방울이 풀잎에 닿는 소리

그늘을 걷고 새어든
봄볕이 얼음을 깨는 소리

죽음이라고 써서
삶이라고 발음해 보는 일

바람이 품고
물이 기르고
흙이 거두어

같이 살고 같이 죽을 너,
라고 부를 때

내 입술에서 흘러
너에게 스미는
희미한 숨

오래된 필름

필름에도 유효기간이 있다
세상 많은 것들이 그렇듯
떠나는 발걸음 소리는
멀어질수록 희미해지는 법
오래 현상하지 않은 필름 하나가 숨이 멎었다
그 안에 새겨졌던 이름 없는 얼굴들이
죽은 별들처럼 어두워진 것이다
화선지에 떨어진 먹물 한 방울처럼
번지고, 번지는 저 그늘진 시간
꽃은 져 버리면 더 이상 꽃이 아니다
지난겨울 어딘가에 세워 놓았던
눈사람처럼 흔적도 없이 사라졌다
돌보지 않은 화분처럼 한 계절이 진다
보살핀 적 없는 길고양이처럼 멀리 가 버린 듯하다
그 시절이 있었던 게 거짓말 같다
세상에서 제일 날랜 벌새의 날갯짓보다,
새벽녘에 별님 스러지는 일보다도 더 빠른 건
누군가 또, 멀리 사라져 가는 속도

복원

나 오늘, 그녀를 복원하려 하네
옛 그림 한 폭처럼 빛바랜 그녀를
버려진 시간 어딘가에서 불러와 고증(考證)하려네

한때 그녀는 보드란 잔 솜털 돋은 떡갈나무 새순이었고,
푸르른 수국이었고, 백양나무 새하얀 껍질이었지

그러나 누군가 그녀를 짓밟고 떠났고
다른 누군가가 그녀를 불질렀지
꽃답던 그녀의 정원은 불타올라
오래오래, 깊이 타들어 가다
오래오래, 그렇게 그을렸지

타 버린 재가 바람에 날려
그녀의 이름은 황사처럼 흩날렸고
한낱 흙먼지처럼 내려앉았지

이름 없는 그녀, 이젠 아무 데도 없어

하지만 부서진 거울 조각처럼 흩어져 박혀
사라진 자기 얼굴로 당신의 얼굴을 비추지

찢어진 그녀의 조각들을 끼워 맞추자
구겨진 데 눌러 펴고 새 물감으로 덧칠하라

하지만 아무리 애쓴대도 도무지
그 빛을 되살릴 길이 없는 건,
그녀의 산산이 깨어진 텅 빈 눈동자

당신, 어둡고도 환한
— 마지막 길 떠난 시인의 뒷모습을 향해

슬픔이 얼음 한 조각 같다면 좋겠지,
녹아 버릴 수 있게.
차갑고 얼얼하고 시리다가
그냥 오래 녹여 버릴 수 있다면.

하지만 이 얼음은 잘 녹지 않는
해수로 얼은 뿌리 깊은 빙하라서
바닷바람처럼, 파도처럼 춥고 들끓고
소금기 어린 말들이 날마다 더 얼게 하니
앞으로도 남겨진 차가움을 오래 품어야겠지

아름다운 당신, 얼음 섬처럼 홀로 빛났던
당신이 쓴 글자들은 어둡고도 환해서
모든 낮이 밤이고, 모든 밤이 낮이었던
당신을 읽던 시간들

더 오래 페이지가 넘어갔으면
더 많은 이야기가 당신에게서 내게 흘러왔으면

당신이 그립다, 고 말할 수 있을 텐데
다만 슬프다고, 당신을 잃어서 오래 슬프다고,
그렇게 말할 수밖에 없어 더 아픈

혼자 가는 먼 집 향해 떠난 당신, 어둡지 않은지
작은 꽃등이라도 켜고 옆을 지켜 드렸다면
누구도 기억하지 않는 역에서 당신이
도착하지 않는 기차를 오래 기다릴 때
가까이 가서 곁을 나누고 앉았더라면

하늘의 서재에 가득 찬 별들의 책장을 넘기며
아직도 기다리실 것 같은 당신,
당신이 바라던 그런 따뜻한 세상이 되면,
그땐 이 얼음이 녹을 수 있을까요, 당신이라는 말은
참 춥고도 따뜻하고, 어둡고도 밝으니

산수국

산수국이 피었었지
당신이 보지 못하는 곳에서
한창 때였지, 조용했던 여름
그때가 가장 아름다웠던 날들

당신, 오지 않았지
멀리서 보면 더 화려하게 보이는
먼 곳의 빛만 하염없이 바라보다

여름을 잃어가고 있어

이따금 훈풍이 불면
그늘에 핀 꽃잎을 지나온 바람이
당신의 창문을 흔들기도 했는데

이미 지난 일이 되었고
이 여름이 다 지나면
누구도 꽃의 옛이야기를 모르고

아무도 말하지 않게 되겠지

이제야 문득
당신이 돌아본대도
그 꽃은 거기에 없다고

첫 줄

어느 날
첫 줄이 나에게 말을 걸었다
옛적에 쓴 시의 첫 줄을 알아보지 못했다
잊고 있었다는 걸 잊어버린
오래된 일기처럼 낯설다
쓰는 일에는 종종 오랜 걸음이 필요해서
어딘가에 두고 와 버린 첫 줄도 있었던 것이다
글자들이 그렇게 점점 흐려져서
투명해지고 말았을 거라 생각했던 건
그 후로 한참 동안 뒤돌아보지 않아서다
두려워서 다시 보지 않는 것들이 있다
되돌아오지 못할까 봐 가지 않는 데가 있듯이
어쩌면 폐정거장이 되었을 곳에서
첫 획을 쓰던 마음이
혼자 남겨진 아이처럼 기다리겠지
이제 모르게 된 옛날의 진실
첫 줄도 모르면서 마지막 줄을 쓸 수 있을까
시는 한 줄씩 나아가지만

삶은 늘 한 걸음씩 더 빨라서
숨이 차다
오래된 처음을
갓 배운 말처럼 발음해 보는 날
잊은 것은 잃은 것과 다르다
그런 말을 들은 것도
같은데

불면증

잠이 오지 않는 밤, 부서지는 하루
어둠의 틈마다 새어든 파편들이
반짝여서 오늘도 잠깐은 눈부셨지
너무 빨리 꺼져 버리는 빛이라
차마 잘 수 없는 그런 추운 밤

먼 바람 소리 귀 기울여 듣는 고요한 밤
쉽게 잠든 사람들 사이에 홀로 깨어 있기란
힘들지, 눈을 뜨고 어둠의 속내를 응시한다는 건
그 두꺼운 장막 안에서 깜빡, 깜빡대며
꺼져 버릴 듯 위태로운 불빛 하나
껍질을 찢고 나오는 것을 건져 주는 일

아무것도 할 수 없을 것 같은 날,
그런 밤이라도 틈새로는 바람이 불고
두꺼운 어둠 밑 가려진 데를 들추려고 자꾸 흔들어
서서히 이 밤의 정체를 알아낼 수 있을지 몰라
밤눈 밝은 고양이처럼 조금만 더

깨어 있으면서 흐려진 눈을 비벼 보면

그러니 이 케케묵은 어둠 위로
불어오는 바람의 입김이 먼지를 날려 버리면
오래 숨어 있던 낡아빠진 책의 제목이 드러나고
어쩌면 읽을 수도 있겠지
바람이 불면. 새로운 글씨들이
봄 맞은 겨울눈처럼 돋아나는 것을

리얼리티 마이너스

꿈을 꾸다 보면 알 수 있다
인간이 인간이기 위해선 생각보다 많은 게 필요해
매일 밤마다 삶을 꿈으로 허비한 대가로
아침마다 다시 인간이 되는 게임
낮 동안 살아남으려면 매뉴얼을 잘 읽어야 해
정해진 시간 내에 생존하면 다시 꿈이 채워진다
사람답게 살아, 라고 남들은 말한다
사람으로 존재하는 것이 무엇인지도 모르면서
너답게 살아, 라고 남들은 말한다
나로 존재한다는 것이 무엇인지도 모르면서
이 게임을 잘해내려면 필요한 것이 많고
지침서대로만 하면 아이템을 얻는다
버티면 더 오래 버티는 법을 알게 되는 게임
꿈은 늘 도중에 깨어야만 하는 것이라서
밤마다 다시 꿈으로 돌아가 보지만
결코 꿈의 결말을 알 수는 없을 것이다
나는 자유의지로 삶을 낭비한다
꿈은 오직 혼자서만 꿀 수 있기에

마음껏 혼자가 될 수 있다
지극히 고유하고 고요한 나의 밤
꿈을 꾸는 동안에는 그게 전부라고 믿으니
어쩌면 그것으로도 충분할 것이다

케이크 레시피

거품을 내자

아무리 빛나더라도
이건 거품일 뿐이란 걸 알고 있다
하지만 거품도 휘핑하면 단단한 머랭이 된다
적당한 정도로 견딜 수 있을 만큼만
살살, 조심스레 흔들어 주면
너와 나, 그와 그녀가 섞이고
하나가 되면 솜사탕같이 부드러워진다
이제부터가 중요하다 먼저 계량을 하자
정해진 무게를 조금도 넘으면 안 되는 저울
꿈이 너무 무거워도 희망이 초과되어도
저울의 추가 부러진다 (착각은 조금 넘쳐도 무방하다)
믹싱볼에 들어가는 데도 정해진 순서가 있으니
차례대로 투입하여 반죽하자
서로 다른 데로 흘러가던 액체의 시간은 끝났으니
틀에 넣는다
모두가 기대하는 모양으로
바람직한 결과물을 얻으려면 잘 계산해야 한다

이제 적절한 열기가 필요하다
절대 너무 뜨겁지 않게, 보기 좋게 부풀어 오를 정도로만
모든 부분이 균일하게 익을 수 있도록
정확히 맞추어진 온도 타이머를 사용하자
거품이 많을수록 폭신하고 예쁘게 구워진다
조금 울퉁불퉁하거나 갈라져 있어도 문제없다
겉에는 크림을 발라 근사하게 모양을 낼 테니
섬세한 크림코트를 마치면 모든 균열은 사라진다
완성되면 아름답고 달콤한 새 이름이 붙어
쇼윈도에 전시될 것이다
누구나 볼 수 있는 투명한 곳이면 좋다
사람들이 웃으며 박수를 치고
아이들은 눈을 반짝이며 바라보겠지

어차피
그 안에 거품이 있다는 걸 기억하는 건
우리 말고는 아무도 없을 테니

사과 한 알

나, 신나게 땅에 떨어질래
꽉 찬 한 알의 온 무게로, 전속력으로
땅에 처박히겠어. 단숨에 땅을 들이받겠어
이 순간이 영원인 것처럼, 내 둥근 몸이 전 지구인 것처럼
단단한 땅을 부수고, 흙이 울리는 소리를 들을래
사방에 부서지는 사과 향기를 흩뿌리겠어, 황홀하도록
꼭지와 씨앗이 도려내진 채 청과상 쇼윈도에 갇히느니
냄새 없는 무늬처럼 비닐에 담겨 누군가의 접시로 실려가
조용하고 우아한 칼놀림 아래 같은 크기로 8등분 되느니
아, 차라리 떨어져 깨지겠어,
속살 드러낸 난만한 붉음이 되도록

큰 소리로 소란스레
바람을 일으키면서 **쿵!**

III

참을 수 없이 가벼운 것들

대나무

빨리 더 빨리, 속도를 내자

신작로처럼, 고층빌딩처럼
초고속 무선인터넷처럼, 초고속 기차처럼.
두께를 늘릴 필요는 없어
위로, 더 위로 얼른 쭉 뻗으면 그만.
줄기 위로 수많은 단절의 금을 긋는다 해도
마디마디마다 생장점을 놓아 성장을 늘리자
나이테 따위는 아예 만들지를 말고.
밑동이 두꺼워지는 연륜이란
저 느릿느릿 답답한 다른 나무들에게나 던져 주라지
높이 더 높이, 얼른 올라서자
하늘을 찌를 듯 솟구친 저 위용을 보라

속은 텅 비어 있을지라도.

12월의 고해

서랍 구석에서 찾은 오래된 내 사진
분명 난 한참 전에 이 얼굴을 잃은 거 같아
이 얼굴에서 멀어지려고 오늘도 살아가고 있어
알던 사람의 부고를 듣고도 가지 않은 날
고백성사를 할 수 없어 성당에 가지 않고
날 기다리는 그가 있는 곳으로 가지 않고
홀로 기다릴 그의 뒷모습에 내려앉을 어스름과
사하여지지 않은 죄의 무게와
애도하지 않은 죽음을

생각만 했던 날, 아니 그것이
평화라고 여겼던 그런 날
다 쓴 달력을 뜯듯 버려졌던 날들
수많은 이들의 달력들을 불태우면서
세상이 따뜻하다고 믿었던 날들

혼자 등 돌려 일하는 이들의 낮은 신음과
피 흘리는 손톱 발톱들과 말의 비수들,

빼앗기는 등불들, 사라지는 웃음들
어느 땅에서 지축을 울리고 있는 포탄들과
어느 바다에서 침몰하고 있는 배들도

모르고, 모른 척한 채 흘러간 날들
평화란 타협보다 체념으로 얻어진다고
믿는 게 어른이 되는 일이라 여기며
수많은 찢겨진 달력들 위에서 무엇을
버려 무엇을 지키려고 하는 것인지?

새해에 받은 새 달력이 묻는다
거짓말을 할까, 침묵할까
아니면 아직 할 말이 남아 있을까

생각만 하는 사이 또 한 해를 영영 잃어버리며

105동 108호

택배 받으러 갈 때 지나다니던 길
동네 슈퍼 가느라고 지나갔던 길
요구르트 아줌마도 만나러 가고
그 앞에서 줄넘기도 하고
하릴없이 심심한 날 그 앞 벤치에 앉아
구름 흐르는 하늘 바라보며 시간도 때웠던
그 105동 108호
커튼이 무슨 색깔인지도 알고
현관문에 붙어 있는 교회 표지랑
손잡이에 매달린 비어 있는 우유 주머니도
매일같이 보면서 노상 지나다닌
지겹고도 지겨운 출근길 옆
항상 거기 있던 그 창문
안에서 105동 108호에 홀로 사시던
아직도 성함도 모르는 그 할머니
숨을 거두셨다, 한 달 하고도 20일 전에.
내가 웃으며 아이와 장난질하며
자전거 타고 요구르트 먹으며

지나다니던 저 길옆에서
수많은 해가 뜨고 지고 비가 오고 다시 개고
우리 아이 키가 1센티 더 자라는 동안
늘 닫혀 있던, 그 익숙하고 아무렇지 않던
현관문 안에서 오래오래 기다리면서.
커튼도 현관문도 우유 주머니까지
모두 그대로인데
이젠 아무도 없게 된
105동 108호.

비

날이 흐리고 비가 쏟아진다
구름은 무거워지면 자신을 덜어내야 하기에
버려진 잉여들이 숱하게 떨어진다
남겨둘 물방울과 버릴 물방울을
구름은 과연 어떻게 선택하는가
자기 자리를 잃은 빗방울들이 무차별 투하되는
어두운 한낮, 여기저기 부딪치는 빗줄기들의 비명 소리
사람들은 내리는 빗방울이 다 똑같다 생각하지만
떨어지는 소리는 모두 다르고
물 고인 사연들도 모두 제각각인 저 방울방울들
흙 없는 도시의 길 위에 스미지도 못하는
이방인들. 서로 섞이고 부딪치며
무수히 떨어지는 빗방울들의 이름은
아무도 모르고 구름조차 기억하지 않을
저 빗방울 군중들의 무겁고, 무거운 빗소리
구멍 뚫린 하늘을 노려본다

수선화

— 제주 너븐숭이*에서

올봄에도
돌무덤 옆에 핀 수선화

흙도 못 덮고 풀 한 포기 심을 수 없는
애기 무덤들 위에 꽃잎 몇 개 떨구어
차가운 돌멩이 위에 이불 덮으며

수선화 꽃이 지키고 선 무덤가
엄마 목소리처럼 가만가만 부는 바람

미안하다 애야
네가 이렇게 대신 아프고 갔는데도
아직도 우리는 병중(病中)이구나

그래도 어둠을 밝히는 꽃등처럼,
앓는 아이 방에 밤새 켜두는 미등처럼,
환히 피어 있는 수선화

---

* 제주시 조천읍 너븐숭이 4·3 유적지. 애기 돌무덤이 20기 남아 있다.

낯선 몸

난 이제 들어가고 싶어,
날 반기지 않는 공간에
모르는 곳에, 모르는 척하고
들어가선 춤추며 놀겠어

내가 바라는 건,
안팎을 뒤집어도 똑같은 리버서블 코트
아주 가볍고, 언제든 뒤집어질 수 있어
그들은 그게 못마땅하지, 앞뒤가 없다는 게

바람결에 흘러왔다 뿌리내린 홀씨처럼
눌러앉는 여행자들은 늘 있잖아
하지만 주민인 척하고 숨어 있진 않을래,
난 외지인이야, 바깥에서 왔어
아무도 내게 말을 걸지 않아도 돼

그들은 얘기하겠지, 어린애에 관해 말하듯
부드럽게 웃으며, 쟨 아직

몰라서 그래. 아무것도 몰라.
하지만 날 모르는 건 사실
그들이라서, 그들의 눈은 두려워하지

어쨌든 난 웃을 거야. 그냥 마구 웃을 거야
누구도 내 말을 번역하지 않아도 좋아
날 쳐다보면 시선을 돌릴 때까지 웃겠어
난 신비롭지 않아, 난 아름답지 않아

나는 난민이야, 경로를 벗어나 날아온 철새야
난 이국의 씨앗이야 불시착한 외계인이야
아니 난 아무도 아니야,
그냥 낯선 몸이야.

큰넓궤[*]

동굴은 그들을 기억한다
자궁이 제 안에 품었던 것들을 기억하듯이

굴 안에서 숨죽여 피어나던 저녁밥 짓는 연기
옹기에는 따뜻한 음식이 담겼지
굴에 사는 산토끼들처럼 모여 있던 작은 입들은
어미가 내미는 탯줄 같은 숟가락을 기다렸지

한 사람이 겨우 들어갈 수 있는
산도(産道)처럼 좁은 동굴길을 따라가면
어둠이 그들을 맞았지 그래도 집이어서,
함께 있는 식구들 체온은 양수처럼 따스했지

낮인지 밤인지 모를 시간은 바위틈에서도 무성히 자랐지
그래도 집이어서, 소개령이 내리고

---

[*] 제주 서귀포시 안덕면에 위치. 제주 4·3 사건 때 동광리 무동이 왓과 삼밧구석의 사람들 120여 명이 1948년 11월 하순경부터 1949년 1월 중순까지 약 50일 동안 숨어 살았던 용암동굴.

작은 산새들도 포르르 날아갈 때
경해도 살아보잰, 하며 없던 뿌리를 만들었지

그 여린 뿌리마저 사납게 뽑혀 버린 날
식구들은 숟가락도 어미의 밥 차롱도 버리고 도망갔지
흔적 안 남게 밟고 걸어갈 돌멩이조차
모두 삼켜 버린 겨울 눈밭 가득 서러운 발자국들

바람결에 자꾸 들려오던 정방폭포의 비명에
동굴은 매일 조금씩 무너졌지
그렇게 울어도, 남들은 그저 동굴 안에서 메아리치는
텅 빈 바람 소린 줄 알았다지

관광버스가 지나는 길에서 깊숙이 벗어난 데서
동굴은 날마다 혼자 더 늙어가지
빈 자궁을 가끔씩 어루만지지

다들 그들을 모른대도, 모두 잊었대도
동굴은 그들을 알고 있다

헛묘[*]

나를 찾아 주세요

여행책자에서 찾지는 마세요
저 화려한 관광지들에 나는 없으니
나는 역사책에서도 찾아볼 수 없어요
텔레비전의 그 숱한 정보 속에도 없죠.
나는 총칼과 화염 속에 사라진 분단의 그림자
그러나 국립현충원에서 나를 찾지 마세요
저 장엄한 전쟁기념관에도 나는 없어요
나의 빈 묘 앞에 와서 울지 말아요
나는 거기 없으니.

나는 붉은 화산송이 흙 한 줌으로,

---

[*] 제주 서귀포시 안덕면 동광리 위치, 4·3 사건 희생자의 시신을 찾지 못해 옷가지 등 유품을 넣고 조성한 봉분.
이 시는 Mary Elizabeth Frye의 시 「Do not stand at my grave and weep」에서 영감을 얻었음.

여울목 까마귀 울음 한 자락으로,
눈물처럼 매달린 바람등칡 꽃으로
어둠 속에서도 자라는 마삭풀 덩굴로
남아 있어요, 당신 곁에.

그러니 당신, 부디 눈을 뜨고
오랫동안 귀기울여 주세요
나를 찾아 주세요

서글픈 것들

잊어버린 약속
아무리 애써도 생각나지 않는
간밤의 흐린 꿈같은 낡은 이름

핀 줄도 모르게 져 버린 그 많은 꽃들
너무 멀리 날아 길 잃은 철새들
늙고 지쳐 순해져 버린 야생동물들
그늘 한 뼘 가진 게 다인 가난한 나무들

향기 없는 제 꽃 대신
희게 분칠한 저 개다래잎들처럼
더 이상 자기 자신이길 단념한 것들

날 닮아가는 딸애의 옆모습
잠자리 날개처럼 투명한
어린 시간들이 날아가 사라지는 것
잊혀 간 수많은 옹알이, 배냇짓들

비겁하게도, 침묵한 말들과
아무도 읽지 않은 글자들
신문에도 TV 뉴스에도 나오지 않고
이름 없는 한 노인의 이야기 속에만 남은 것들

친구 무리에 끼지 못한 한 어린애가
놀이터 바닥에 하염없이 그리는
동그라미, 동그라미

누군가 영원히 떠난 자리,
그 위로
쏟아지는 무심한 한낮의 햇살

둥글고 둥근

둥근 것이 좋아진다는 건
모서리가 닳았다는 뜻
오래 굴러다녔다는 것

줍는 일보다 버리는 일이
멈추기보다 구르는 것이
더 쉬워졌다는 뜻

바퀴는 둥그니까 멀리 갈 수 있고
공은 둥글어 한참을 굴릴 수 있지

꽃잎처럼 잘 익은 과실처럼
아니 밥그릇같이 숟가락같이
그 위에 얹은 밥알들같이
둥글고 둥근 것들

둥근 그릇엔
더 많은 걸 담을 수 있지

목마른 이의 입술을 적시고,
한 목숨을 살릴 수 있는
이 세상 모든 물방울의 모양이 되지

병(病)

초대받지 않은 손님은 몰래 오지
제법 수수한 차림새로 남들의 등짝 뒤에 숨어서
고양이 발바닥처럼 발톱을 숨기고 살금살금
문간에 서서 지키고 있는 사람이 잠깐 조는 사이
불청객은 아무도 몰래 태연히 문지방을 넘는 법

발걸음 소리가 난 걸 진작 알아채지 못해서
오는 줄도 몰랐던 그 손님이 어느새 아랫목에 자릴 잡았네
원래 내 집인 양 웃어른처럼 양반다리하고 앉아서
안방을 차지하곤 도통 갈 생각을 안 하는 동안

해가 기울고 새벽에 마실 나갔던 별이 다시 돋을 때
어둠 속에서 손님의 그림자까지 검게 물들면
누가 다 꺼져 가는 등잔불에 기름을 부어 밝힐까
그늘진 얼굴의 저 손님은 통 말이 없으니

손님은 내게 낯설고 나는 손님에게 낯설지

그가 머무르는 동안 나의 계절은 쉽게 늙어가네
세월이 먼지처럼 그의 앉은자리에 쌓이고
함께 있으면 나는 작아지네 느려지네 고요해지네

날씨가 흐리니 비가 오겠지
손님이 가실 길 다 적셔 놓으니
한참 더 머물다 가시겠네

다음엔 짧게 계시다 가시라 하지,
그의 빈 술잔에 맑은 술 한잔 기울여 주네

참을 수 없이 가벼운 것들

그림자 없이 살아가려면
완전히 어둠 속에 들어가면 되지
그림자를 떼어내면 가벼울 거야,
이름이 없어져 버린 것처럼.

또 가벼운 게 무엇이 있지?

뜻 없이 소멸되는 시간
되새김 없는 기억
부끄러움 없는 무지
다들 고요하고 평온해, 먼지처럼

그 중에서도 제일 가벼운 건 침묵
침묵은 책임질 게 없어 언제나 홀몸이지
꼭 말해야 하는 말조차 다 덜어내 버리면
홀가분하겠지, 목소리가 없어진 것처럼

세상의 묵은 때, 어떤 그을음도

더러운 흔적 남기지 않게 지워 버리면 그만.
햇살이 졸고 있는 사이 은밀하게 몸을 말리고 있는
저 빨래들, 너무 가벼워 바람결에 함부로 퍼덕거리네

가짜들은 원래 그렇게 가벼운 법
저 산수국 좀 봐, 볼품없는 제 꽃은 숨겨 놓고
푸른 이파리 꽃으로 둔갑시켰지
가루받이 끝내면 서늘한 낯빛으로 되돌아갈
텅 빈 위화(僞花)에 모여드는 눈먼 나비 벌 떼들

닳고 닳아 둥글어져 모서리까지 사라지면
더 가뿐하겠지, 아예 갈 방향도 없애 버리면
더 경쾌하게 어디로든 굴러갈 수 있겠지
자꾸만 가다가, 너무 가서
아주 길을 잃어버릴 때까지

선(線)

사람들을 점(點)이 아니라 선(線)이라 하자

무수히 흩어진 점들이 아닌, 선이 되는 꿈을 꾼다면
고립된 파편들과 침묵이 낭자한 방들의
문을 열어 주고 길 떠나자며 속삭일 수 있다면

밤하늘을 더듬어 나온 별 부스러기들을 이으면
별자리가 될 수 있을까 길 잃은 이들의 항로가 되도록
때로 구부러진 곡선이 되고 때로 곧은 직선이 되며
점들은 서로 말을 섞고 체온을 섞고 눈빛을 섞을까

계속 늘어나는 선이 되면, 점처럼 셈할 수 없지
숫자로 공식에 갇히는 대신 공상이 되고
흩어진 글자가 아니라 합쳐져 문장이 되는,
부서진 음표가 아닌, 모여서 노래가 되는 것들

내리쬐는 햇빛에서 색깔을 걸러낼 순 없고
바닷물은 물방울로 나눌 수 없지

결핍과 잉여가 퍼즐처럼 맞춰져 이어지고,
불꽃들이 몸을 기울여 다른 심지에 불을 붙이는

타오르는 불길, 흐르는 물길 되는 무수한 선들이
제멋대로 뻗고, 구부러지고, 만나고, 튕겨나가는
그 어지럽고 황홀한 풍경을 위해
사람들을 점이 아니라 선이라 하자

미지의 끝을 열어두고, 이후를 꿈꾸자
선이 된다 하여 세계가 더 넓어지진 않는다 해도
적어도 세상이 펼쳐진다는 걸
믿을 수 있도록

한 송이

한 송이씩 피는 꽃이 있다

한 송이씩 작은 꽃이 새로 피어
백 일 동안 시들지 않는 것처럼 보이는 백일홍
사실은 매일 한 송이씩 지고 있다

사라져야 한다면 그렇게 사라지자
희미하게 와서 자취 없이 돌아가더라도
작은 꽃 지고, 다시 작은 꽃 피고

꽃이 지든 꽃이 피든
계절은 지나가는 거지만
사라지지 않는 새벽이 있다는 듯
지워지지 않는 황혼이 있다는 듯

한 송이씩 피어날 수 있다
백 일 동안 붉을 수 있도록
그 정도는 작은 꽃이 해낼 수 있는 일

봄이 생겨나게 하는 것과
무너뜨리는 것들
여름이 찬란히 비추는 것들과
태워 버리는 것들을

모두 이해해야
백 일 후에
추운 시절을 맞이할 수 있다

오늘도
다시
한 송이

혹시

혹시라는 말은
걸음을 멈추게 하는 말
뒤를 돌아보게 하는 말

그늘에 핀 꽃이 있을까 봐
나무 아래를 살피던 빗방울
내려와 그림자 사이로 스미고

숨겨진 작은 꽃 하나 찾아
젖은 꽃잎 말려 주며 가만히 부는 바람
달빛도 고개 기울여 흐르고

길가에 떨어진 목도리 하나
벤치 위에 고이 걸어 놓은 마음
길고양이 지나는 길에 떠 놓은 물 한 그릇

함부로 튀어나온 못 하나
밤새 누가 박아 놓은

놀이터 울타리에도

새로 나온 작은 싹 하나
밟지 않으려 조심히 걷는
아이에게도

누군가의 등 뒤에서
염려하며 뒤따르는 발걸음처럼
자꾸만 맴도는 말

무릎을 굽히고
고개를 숙이고
눈을 맞추게 하는

혹시라는 말

눈 오는 날

눈 내리는 새벽
눈길을 처음 걷는 사람이 된다면
좋을 것이다

누가 따라오지 않아도
남겨진 발자국이 지워지더라도
손이 얼어서 글씨를 쓸 수 없어도
노래를 할 수 있겠지

눈 오는 날에는 침묵이나 아니면
노래가 어울리니까

다들 그랬지
꿈은 녹는 것이라고
사람들은 추울 때만 꿈을 품으니

어쩌면 내게 허락된 꿈은 그런 것
녹지 않게 추위 속을 헤매야 하는

그래도 지금 처음처럼 흰

거짓으로 부를 수는 없는 노래
언젠가 흔적 없이 녹아 버린다 해도
눈은 내릴 때는 늘 진심이지

노랫말은 이렇게 시작된다
아직, 눈이 내린다고.

충분

꽃은 어떻게 알까
충분한 때가 되었음을
낮이 길어지면
꽃봉오리 저절로 둥글어지고
계절이 바뀔 무렵이면 남몰래 시들어간다
과실이 무르익었음을 알면
깨달음의 무게로 나뭇가지가 휜다
철새들이 줄지어 먼 나라를 향해 가고
새끼가 다 자라서 무리를 등지고 떠날 때
충분하다고, 이젠
한 시절이 끝나도 된다고
어떻게 그리 잘 알게 되는 것일까
여전히 내게 너무 희미한 사람아,
당신은 더 밝아질 예정인가
아니면 더 어두워질 예정인가
얼마나 밝아야 다음날의 새벽이 되고
얼마나 어두워져야 하루해가 다 저무나
그런 것도 모르는 나는

작별을 배우지 못해서 기다리기로 했다
겨울나무 위에 남은 까치밥처럼
이미 때를 넘겼더라도
뒤늦은 쓸모라도 있다면
차라리 영영
충분해지는 일이 없기를

온도차

한 침대에 누워도 우리는
다른 이불을 덮은 듯해
당신은 늘 덥고, 나는 늘 춥지
이불을 걷어차지 마, 나는 너무 추워서

당신은 내 추위를, 나는 당신의 더위를
이해하지 못해서 무심하게 잠드는
우리의 꿈도 서로 온도가 다를까

당신의 온도는 나의 온도를 초과하고
나의 온도는 당신의 온도에 미달되고
추워하다가, 더워하다가
긴 밤이 다 지나간다

너의 온점, 나의 냉점, 나의 온점, 너의 냉점
많은 무심한 통점들
많고도
무관심하게, 무관심하게
오늘도 사정없이 걷어차여질
세상의 무수한 이불들

IV

지울 수 없는 문장

수정난풀

 나는 산속에서 자란다. 눈부신 녹음에 모두가 시선을 빼앗긴 뒷전에서, 온갖 꽃들이 자랑하듯 피어 환한 색을 더욱 불태우는 화려한 경연의 무대 밖에서, 반그늘에서 서늘한 음지에서, 홀로인 곳에서 잊힌 곳에서, 오래된 지워진 시간인 것처럼. 퇴화된 비늘같이 생긴 어긋난 잎들로 긴 줄기를 이루며, 온몸에 아무 색깔도 없는 새하얀 백지같이 자라난다. 햇빛을 받으면 타 버리는 하얀 몸, 창백한 귀신같은 얼굴로 화사한 햇살에서 돌아앉아 응달에 깃든다. 어둠 속에서 꽃을 피우고 그늘에서 열매를 맺고, 그래도 또 씨앗을 떨구며. 엽록소 하나 받지 못해 푸른 색 물들지 못하는, 가진 것 없는 가난한 몸이라도 나는 화분에 심어 재배할 수 없는 몸. 광합성을 못해서 썩은 나뭇잎으로 목숨을 부지할지라도 빈 몸, 텅 빈 몸이기에, 차라리 자유롭다는 것

우린,

너무 오래 생각해서
생각이 부서져 버렸지

처음 했던 질문들이
물속에 떨어뜨린 돌처럼 깊이 잠겼고
그 위에 파편들을 무수히 쌓아
이젠 수면 위로 고개 내민 작은 섬이 되었지

아주 오래 걸려서
다 낡아 버릴 때까지
아직도 생각한다는 것이
부끄러워질 정도로 그렇게

너무 오래 지니고 있다 보니
한참을 찾아야 꺼낼 수 있었고
찾기를 단념하는 게 더 쉬웠던
오랜 세월 후에야 알게 되었어

그저 손을 내밀면 되었다는 걸
부르튼 손등, 더러운 손바닥
차가운 손이라도, 그저 빈손이라 해도

우린 너무 오래 생각하느라
그냥 안녕, 이라고 인사하는 법을 잊어버렸지

작별

겨울은
12월과 1월이 모두 있는 계절
하나가 죽어야 새로운 하나가 태어난다면
추워야 마땅한 일이다
새벽빛처럼 흰 입김이
피어올랐다 허공에 사라지면
파랗게 질린 얼굴이 비로소 보인다
빙점은 물이 얼기 시작하는 온도이면서
얼음이 녹기 시작하는 온도이기도 하다는 걸
한 시절을 잃어버린 후에야 이해할 수 있다
충분히 추워하고 나야 겨울은 지나간다
눈 쌓여 휘어졌던 벚나무 가지
햇살 아래 다시 텅 비었다
가벼워 보인다
녹은 물방울들이 하릴없이 반짝일 때
잘 가,
인사할 수 있게 된다
어쩌면 그립지도 않을 것이다

눈은
녹아 버리면 눈이 아니다

늦봄

시가 되려고 한 건 아니었겠지만

봄꽃 피었다가 스러지는 그늘 아래
이제는 끝을 바라보게 된 연인이 서 있다
정녕 은유가 되려던 것은 아니겠지만

꽃이 피는 것보다 지는 순간이 더 짧고
바람 불 때보다 잦아들 때 더 느낄 수 없어서
때가 무르익느니보다 때를 잃어가는 게
더 쉽다는 건 계절에 대한 비유만은 아니지만

운율도 강약도 없이, 숨 쉴 틈도 없이
배열도 앞뒤도 없이 쓰러지는 단어들
구두점 하나 없이 흩어지는 언어들이
끝내 시가 되리라 믿은 건 아니겠지만

무너져 내리는 빗방울을 못 견디고 떨어지는
꽃잎들, 영원을 약속하는 듯했던 날들은

겨울을 지낸 봄이 던져 준 농담 같은 거였다고
이제 막 깨닫는 젊은 얼굴들이 어두워지고

꽃이 지며 남은 자리는 빈 허공인 편이 나을지 모르고
서툰 시절이 남긴 떫은 열매쯤은
쓰다만 글자 지워지듯 조용히 곪아가도 좋았겠지만

어제는 꽃이었던 것이 오늘은 바람에 묻히고
한 시절의 끝은 꼭 지울 수 없는 문장이 되지

그래도, 시가 되려던 것은 아니었겠지만.

이글루

여기는 북극,
이글루를 짓는 법을 배웠지
둘이 들어가 살 얼음집

넓은 대해를 누비던 큰 고래 뼈 하나 얻어와
수십 년 묵은 자기만의 얼음을 부수는 일이 먼저.
맨 아래부터 단단히 얼음조각들을 쌓아올려야
쉽게 무너지지 않지, 엇갈리게 쌓이면 더 튼튼한 법
번갈아 하나씩, 서로 기대 선 모양으로 쌓인 얼음벽돌들
너무 차갑지 않은 눈물을 몇 번쯤 뿌려도 좋아
뿌린 물이 잘 얼면 이글루는 더 단단하고, 속은 더 따스해진다지.
우리 둘이 이글루 안에서 함께 사니까 다행이야
어떤 두꺼운 외투나 모포가 있다 한들,
사람의 온기만큼 따뜻한 건 없으니.
하지만, 이 안에 있어도 여전히
때로는 추워, 너무 추워
여기저기 자꾸만 나는 구멍을 잘 살펴봐야 해

작은 구멍이 모르는 새에 커져 버리면
살을 에는 칼바람이 새어들 테니

결국 이글루에 사는 건
끝없이 구멍을 막는 일. 아니면 이만한 추위쯤엔
그저 익숙해지는 일

실수

기름을 쏟았다
닦으면 닦을수록, 지우려 애쓸수록
점점 더 퍼져 가는 얼룩들
더 미끄러워지는 바닥

내 실수도 그와 같았다

새들, 날아가네
— 입학식에서

이제 그만 새장 문을 열 때가 되었어요,

날갯죽지도 제법 자라 새장도 좁아진 터인데
언제까지나 널 품을 수 없단 걸 알지만
새장 문을 여는 내 손은 떨리지
내가 볼 수 없는 곳까지 네가 멀리 날아갈까 봐
바깥은 험하고 바람은 거센데
하지만 난 널 쓰다듬고 어서 가라고 말하지
그리고 박수를 치지 저 수많은 어린 새들 사이에
겨우 뒤통수만 보이는 네 작은 뒷모습에 대고
줄을 서서 앉고 줄을 서서 밥을 먹는 곳으로 가라고
산다는 건 그저 줄 서는 일과 같다는 걸 배우게 하려고
자꾸만 자꾸만 손뼉을 치네, 아무렇지도 않은 박수 소리
따뜻한 봄날의 햇살 사이로 새들, 줄을 서서 날아가네

놀이동산

놀이동산에 갔다
아직은 마냥 놀이공원이 즐거운 나이의
내 아이와 또래 아이 서넛 데리고
플라스틱 말들이 방향도 없이 제자리 뜀을 하는
회전목마를 타고 빙글빙글 돌다가
아무 목적지도 없는 꼬마기차를 타고 또
둥글게 둥글게, 선회하다가
하늘로 날아가지도 못하는 비행기를
타고 또 공중회전만 몇 번 하다가
앞으로, 앞으로만 나가는 데 익숙해진
어른인 나만 혼자 어지러웠지
인형 탈을 쓴 사람들의 연극을 보며 아이들이 웃는다
사나운 사자 호랑이, 커다란 코끼리도
이곳에서는 귀여운 얼굴을 하고 있을 따름.
귀신을 보고도 까르르 까르르 웃음보가 터진다
그렇지, 우스울 뿐이지 장난스러울 뿐이지
바로 이렇기에 모든 게 놀이가 될 수 있는 걸 테지
전부 다 가짜이기 때문에

어느 날

너를 뒤따라가다 알았다
네 작은 발자국이 너무도 쉽게
내 큰 발자국에 묻혀 버린다는 걸
어느 날 갑자기 내 걸음을 멈추게 한 건
발자국처럼 지워져 가는 네 목소리 대신
귀퉁이 낡은 교과서 갈피마다 네가 그려 놓은 낙서들,
자물쇠 채운 일기장 속 글자들이 말하는 소리
날 따라오지 말아요, 맘껏 헤맬 수 있게
어느 날 갑자기 부쩍 커 버린 네 뒷모습이 말했다
표지판도 지도도 나침반도 아무것도 제게 주지 마셔요
정답은 없으니, 섣부른 질문도 하지 마셔요
가벼운 날개로 멀리 날 수 있게, 짐 보따리도 꾸리지 말고
그저 제게 미소만을 주세요, 그것으로 충분하니까

가까이에서

멀리 있는 것들은
대개 아름답지
고요하고 평안한 무감각 속에
너무 멀어 풍경이 되는 것들

가까이, 오직 가까이서만 볼 수 있지
상처도 주름도 균열도 모든 낡아지는 것들도,
모든 티끌, 더러움, 떨림은 가까이 선 이만 알 수 있는 것
고운 늦가을 단풍이 실은 아파하는 중이라는 걸
앓다가 긴 겨울을 준비하리라는 걸

그러니 사랑은 가까워지는 것
작은 들꽃들도 곁에서 서로 뿌리를 뻗어
험한 바람결에도 몸을 지탱하고
낮은 속삭임은 가까운 데서만 들리는 것을

조그만 촛불도 가까운 곳에서는 밝고
보잘것없는 온기도 다가서면 따스하지

초라한 모닥불 하나 피워 나란히 앉자
그 작은 불씨마저 꺼진대도 입김을 불어 넣어 줄게,
창백한 시간의 푸른 얼굴에 핏기가 돌 때까지

한참 후에야 우린 알게 되겠지,
가까이에서만 할 수 있는 일들이
우릴 살아남게 했다는 걸

빛을 그리다

헤엄도 못 치면서 물에서 사는 것이 있다

물살을 거스르려는 힘센 지느러미들과
거친 숨 내뿜으며 바삐 자맥질하는
헐떡이는 아가미들 위에서

남의 피에 목마른 거머리들과
뾰족한 가시 내미는 물방개들 사이에서

헤엄칠 줄도 모르는 작은 물거미 한 마리
따스한 햇살의 윤곽을 따라
한가로이 물 위에 그림이나 그리고 있다

시간도 비껴가는 미끄러운 수면
전생과 후생의 사이 어딘가
무심히 흘러가는 물방울 하나처럼
떠다니다, 문득

어느 빛나는 순간
제 몸속에서 은사(銀絲)를 풀어
햇살의 자국을 수놓는다
은빛 줄마다 알알이 맺힌 이슬의 매듭들

줄마다 갓 빨아 널은 아기 옷처럼
깨끗한 바람 한 자락씩 걸어 놓고
바람을 빚어 만든 기포 속에서
고요한 숨을 쉬는 물거미

어차피 삶이란 한갓 물거품 속 아니냐고
흔들리며, 세상의 그물에 매달린 이슬 같은 것이니
공기 방울에 깃들어 산들
헤엄쯤 못 친들 뭐 어떠냐고

한없이 둥글게 물 위에 새기는
꽉 차고, 텅 빈 만다라.

닮은 사람

나는 누굴 닮았다는 말이 좋아

내가 자주 듣는 말, 아는 사람을 닮았다는 말
게다가 동명이인 숱하게 많은 내 흔한 이름 석 자
어디에나 스며든 무수한 빗방울, 세상 가득 한없는 햇빛
헤아릴 수 없는 해변의 모래알처럼

익숙하면서도 익명이 되어
적의 어깨 위에서도 친구의 손등 위에서도
머물고 속삭이고 노래해야지
그러나 내가 떠나고 싶을 땐,
흔적 없이 사라지는 물방울 한 점, 햇살 한 자락 될래

거리의 흔한 비둘기나 참새라도 좋아
모두들 희귀하고 드문 새가 되려 하지만
그런 새는 그물이나 창살에 쉬이 갇히지
나는 누구의 마당에나 마음대로 깃들 수 있어

다들 누굴 닮았다는 말 싫어한다지만
누이같이 엄마같이 어릴 적 친구같이
누구에게도 두렵지 않고 누구에게나 그립게,
누군가를 위로하는 희미한 기억이 된다면 좋겠어

우리 어디서 본 적 있나요? 난 그저 웃지

더러 잊히더라도 아쉽지 않게
무심히 잊어도 지워지지 않는, 그런
닮은 사람

상처

이사 갈 집에 페인트를 칠한다.
몇 명의 주인들이 거쳐 간 벽들엔
몇 번의 사연이 지나간 자취가 얼룩져있지만
서툰 붓질 몇 번으로도 손쉽게 지워져 버리는 흔적들
하지만 깔끔한 페인트칠로도 덮을 수 없는 게 있으니
못자국만큼은 도무지 없앨 방도가 없다.
깊이 박혔던 못일수록 더 많이 패인다.
모조리 뽑아내도 못자국은 형광등 불빛 아래서
누추한 제 얼굴을 죄다 드러내고
깨끗해진 벽에서 어쩐지 못자국만 더 자꾸 보인다
남의 상처란 왜 이리도 낯선 것일까
떠나온 집에 남겨둔 내 못자국들은 이제
누가 바라보고 있을지

순간

순식간에 손 쓸 수 없이
젖어 버리는 순간
모든 것이 번지다, 지워져
다 비워낸 여백들이 겹치고 이어지는 순간
흐르는 색깔들이 퍼지고, 퍼져서
섞이고, 물들다가 경계가 다 녹는
형편없이 어지러운 순간
산산이 흩어지고 또 모이는 구름처럼
하루는 비가 와서 다 적셔 버리고
하루는 눈이 내려 모든 걸 덮고
또 하루는 그냥 흐린 침묵.
가끔은 파란 하늘이 미치게 돋아나고 햇살 쏟아지는,
찰나처럼 짧고 영원처럼 긴, 그런 순간
늘 잃어버릴 것 같은 반짝임이
조금 깃들어 있는, 이 뿌연 거울을
광이 나도록 매일 닦으며
너의 얼굴을 힘겹게 비추어 보는
모든 것이고, 아무것도 아닌
네가 내게 머무는 시간

소인국

자꾸만 작아지는 세상 속에 사네

무언가 얻으려면 끝없이 무언가 써야 하지
돈을 쓰고 데이터를 쓰고 포인트를 쓰고
자꾸만 더 쓰라 하는 광고 속 주술의 노래
시간을 쓰고 꿈을 쓰고 진심을 다 써 버리면
비우고 비워서 비누처럼 작아져
반짝이는 가벼운 거품이 되네

여기는 모두 작은 사람들이 사는 세상
적게 분노하고 적게 대화하고 적게 꿈꾸며
작은 휴대폰 화면, 사각 모니터 위에 머리를 파묻고
140자 글자 제한 속에 언어를 줄이며
작은 목소리로 말하거나 아예 침묵하고

작은 평화 속에서 작은 하루를 사는
나는 내 새끼들과 밥을 먹지
세상 모든 굶주린 이들을 살릴 수 있는 음식들에서

가져온 밥알들을 우리 식구 밥숟갈에 얹어서

그리고 나는 그릇을 씻지
세상 모든 이의 목을 적실 수 있는 물에서 덜어와
자꾸만 자꾸만 그릇을 씻지

다른 이의 어둠에서 빛을 끌어와
내 집에 불을 밝혀 내 추위를 녹이고
누군가의 불면으로 인해 단잠을 자네

작디작은 세상에 작디작은 사람들
너무 작아서 이름도 없고 얼굴도 없고
아니 그냥 세상에 잠시 묻어 있던 얼룩처럼
희미해지며 사라져 가는

헨젤과 그레텔

어디로 가고 싶어?
멀리.

우릴 이 숲 속으로 몰아낸 사람들
정신을 차려 보니 깊은 숲 속이었지
날은 저물고 길들은 전부 어두워지는데
돌아갈 길이라곤 없는 데서부터 시작이야

너와 나, 이제 먼 길을 가야 해
우린 각자의 몫을 해야 하고
자기 눈물은 스스로 닦아야 하지
하지만 난 네가 울 때 곁에 있어줄게

어딘가 도착할 거란 약속은 할 수 없어
그냥 함께 큰 공을 굴리고, 그 길을 따라가
얼마나 멀리 굴러갈지. 상상해 봐
둥근 것에는 가장자리도 모서리도 없으니

어디까지 가고 싶어?
멀리.

오래 걷고 길게 헤매자
가다가 쉴 땐 초라한 모닥불 곁에 더불어 앉자
작은 불씨가 꺼지지 않게 바람을 등지며
우린 훼손되지 않아 멸종되지 않아

그러니 부디 계속 살아가 줘,
이 어둡고 깊은 숲 속에서

발문

빗금처럼,
스미는

신철규(시인)

떨어지고 넘어가는 모든 것들은 빗금을 만든다. 빗줄기도, 별도, 넝쿨도. 어떤 것도 온전한 직선으로 내리지 않는다. 빗금은 무언가를 구분하기도 하고 무언가를 지우기도 하지만, 비스듬한 기울기가 오히려 마음에 평화를 가져다 주기도 한다. 그것은 꽂히지 않고 흐르며, 부딪히지 않고 스미기 때문이다. 김지윤의 시는 이러한 '빗금으로부터' 시작한다. 그것은 첫 말이면서 마지막 말이다.

'죽음'으로 '삶'을 건져 올리는 말, '삶'으로 '죽음'을 막아내는 말. '살린다'는 말은 살게 하다는 뜻과 존재 본연의 빛과 맛을 찾게 한다는 뜻을 동시에 품고 있다. "내 입술에서 흘러/ 너에게 스미는/ 희미한 숨"(『스미는 숨』). 소리의 빗금 또는 빗금 쳐진 소리가 소음이라면, 소음에서 소리를 건져내고 소리에서 소음을 거두는 일이 바로 시 쓰기가 아닐까.

걷는 것을 멈추는 순간, 우리는 그제야 자신의 발걸음 소리를 듣게 된다. 뒤에서 따라오던 소리가 자신의 뒤꿈치에 달라붙을 때만 우리는 그 소리를 들을 수 있다. 내가 울리는 소리와 나의 안에서 울리는 소리들이 겹쳐질 때 알면서도 모른 척했던, 들리면서도 안 들리는 척했던, 보이면서도 눈앞에 없는 것처럼 여겼던 것들과 대면할 수 있다.

얼룩으로만 남아 있던 사물들과 마음들을 하나의 결점이 아니라 여러 색이 혼합된 아름다운 무늬로 받아들이게 된다. 표백된 것들로 가득한 세상을 향해 시인은 다 그런 거라고, 이제 충분해, 라고 말하지 않는다. 시인은 하나 됨의 지난함을, 일치에 이르기 전의 수많은 혼돈과 방황을 살아내면서 다 그런 것은 아닌, 아직 충분하지 않은 삶과 사랑을 찾아 나선다.

위로는 외로움과 힘겨움을 겪은 자만이 보낼 수 있는 마음 건넴이다. 오래 걷고 길게 헤맨 사람이 보내는 '둥근' 위로들. 그것은 마침표를 오래 만져 닳을 때까지 문

지르고, 단단히 닫힌 문을 조금씩 밀어 헐거워지게 하는 일일 것이다. 시인은 자근자근, 다소곳이 우리를 돌본다, 계속 살아가라고, 너를 살리겠다고 말하면서. "벽들이 서서히 녹고/ 우리가 서로의 색에 가까워질 때까지"(「색상표」).

해설

진 꽃들의 기억에
숨을 불어 넣는 시

이경수(문학평론가)

1.

 13년 만에 두 번째 시집을 묶는 시인의 마음에 대해 생각해 본다. 2012년 첫 시집 『수인반점 왕선생』에서 웅숭깊은 사랑의 시학을 선보인 바 있는 시인은 그사이 시를 쓰며 한편으로는 평론가로서 활발히 글을 써 왔다. 2016년 〈서울신문〉 신춘문예를 통해 평론이라는 글쓰기를 시작한 김지윤은 7년여의 시간 동안 성실하고 신뢰할 만한 비평 활동을 전개해 왔다. 두 번째 시집은 시 쓰기와 비평 활동을 겸해 온 김지윤의 변모를 짐작하게 하는 작업이자 비평 활동을 하면서도 놓을 수 없었던 시 쓰기의 동력을 확인케 하는 결과물이다.

 이번 시집에서 김지윤의 시적 주체는 잊힌 기억에 생명을 불어 넣는 영매이길 자처한다. 사람들의 시선에서 벗어나 잊힌 기억들을 불러내 그 시간과 존재에게 새 생명을 불어 넣고자 한다. 시간이 곧 돈이라는 자본의 논리에 잠식되어 시야에서 사라지고 잊힌 존재들을 불러 모아 그대로의 모습을 기억해 냄으로써 사라진 시간을 '살아진 시간'으로 호명한다. 시적 시간이라는 것이 있다면 그것은 일상의 시간과는 다른 속도와 공기를 지니고 있을 거라는 생각을 종종 해왔는데, 김지윤의 시는 바로 그런 시적 시간을 체험하게 해준다.

 사랑의 시선으로 세상을 바라볼 줄 아는 시인은 관계에 예민하고 스스로에 대한 성찰을 잊지 않는다. "너무 멀리서 따로 헤매며/ 서로의 색깔 사이에 벽이 생겨/ 점점 더 옅어져 흐려지고 빛바래고/ 그늘지고 얼룩지고 더럽혀졌지"만 "벽들이 서서히 녹고/ 우리가 서로의 색에 가까워질 때까지"(「색상표」) 시 쓰기를 멈추지 않으려고 한다. 김지윤에게 시 쓰기는 "지난해의 꽃들은/ 어느 땅에 묻혀 있을"지 궁금해하고 "죽은 이름이 산 이름을 기르"며 "정녕 끝나지 않는 그런 노래를"(「봄」) 하염없이 부르는 일이다.

2.
 과거의 시간에 현재의 숨결을 불어 넣는 것은 시가 오래 공들여 온 일이기도 하다. 대다수의 기억에서 사라져 버렸거나 잊힌 존재를 망각의 시간으로부터 길어 올리고 거기에 새로운 생명을 부여하는 일은 선형적 시간에 균열을 내고 시적 시간을 생성하는 일이다. 자본의 속도에 매몰되어 욕망의 폭주 기관차에 몸을 싣고 달리는 오늘의 현대인들이 구축한 지옥도에 균열을 내고 아무도 눈여겨보지 않는 뒷모습이나 사라져 가는 모습에 다정한 눈길을 주는 김지윤의 시는 몰락을 향해 달려가는 시대에 시의 존재 이유란 무엇인지 생각해 보게 한다.

> 마지막 장면들만 모은 필름을 가지고 싶어
>
> 먼 길로 사라지는 뒷모습과
> 마주보는 두 얼굴들과
> 닫히는 문들,
>
> 사랑이 이루어지고
> 악당으로부터 지구를 구한 뒤에
> 긴 여름의 끝, 소년이 어린 시절과 작별한 후
>
> 서른 살이 되고, 마흔 살이 되고
> 아이가 자라서 집을 떠나고
> 누군가를 영영 잃어버린 후
> 그 다음 날의 새벽에 스미는 햇살

형편없이 참패한 넋 나간 얼굴들
빛나는 우승자의 광채
트로피와 쓰레기 위에 드리우는 어둠
사람들이 빠져나간 빈 운동장을,

찬찬히 들여다보고 싶은 건 이런 것들
너무 빨라 읽지 못하는 엔딩 크레딧
페이드아웃 되는 텅 빈 얼굴들
마침표를 손끝으로 오래 만져 닳게 해야지

세상의 모든 저주이자 축복인 라스트 신들
극장에 사람들이 다 나간 뒤
혼자서 보고 또 볼 수 있도록
모든 닫힌 문들이 헐거워 열릴 때까지

— 「라스트 컷」 전문

 김지윤의 시적 주체는 "긴 여름의 끝, 소년이 어린 시절과 작별한 후" "서른 살이 되고, 마흔 살이 되고" 마침내 "텅 빈 얼굴들"이 되는 시간을 오래 들여다보고자 한다. 영화가 끝나고 엔딩 크레딧이 빠르게 올라갈 때 그 시간도 견디지 못하고 빠르게 상영관을 나서는 사람들과는 달리, 영화가 끝난 후에도 그들이 살아내야 하는 시간과 그 시간을 겪으며 살아가는 사람들을 궁금해한다. "마지막 장면들만 모은 필름을 가지고 싶어"하는 까닭도 그 후로도 계속되는 삶을 "찬찬히 들여다보고 싶"어서이다. "형편없이 참패한 넋 나간 얼굴들"도 "빛나는 우승자의 광채"도 영화가 끝나고 나면 그뿐 사람들의 관심사에서 빠르게 사라져 가겠지만 김지윤의 시적 주체는 "트로피와 쓰레기 위에 드리우는 어둠"을 오래도록 들여다보고 닳도록 만지며 "사람들이 빠져나간 빈 운동장을" 지키고 있으려고 한다.

  화려한 스포트라이트를 받을 때가 아니어도 삶은 계속된다는 것을, 아니, 오히려 대다수의 인생은 화려한 주인공의 삶과는 거리가 멀다는 것을 잘 알고 있기 때문일 것이다. 여운을 느낄 새도 없이 자리를 뜨는 관객들을 뒤로 한 채 시의 주체는 "세상의 모든 저주이자 축복인 라스트 신들"을, "페이드아웃 되는 텅 빈 얼굴들"에 드리우는 쓸쓸함과 어둠을 "혼자서 보고 또" 보며 이후로도 계속될 이들의 삶을 동병상련의 마음으로 지켜본다. 이런 시선을 지니고 있는 시인의 눈에는 "깨끗해진 벽에서"도 "못자국만 더 자꾸 보"이고, "남의 상처"뿐만 아니라 "떠나온 집에 남겨둔 내 못자국들"(『상처』)도 계속 눈에 밟힌다.

인사를 하지 않았다

꽃이 지는 것처럼, 바람이 잦아드는 것처럼
그렇게 사라지는 것도 있는 법이다
작은 그림자 드리우던 꽃잎처럼
어느 날 내려 쌓였던 밤눈처럼

빗방울은 마른 뒤엔 흔적도 없고
꽃이 졌다는 것을 나무는
겨울이 오면 잊게 될 테지

하지만 소리는 기억에 오랜 자취를 남기고
어떤 날의 빗소리처럼 문득 떠올리겠지
바람이 부는 소리, 꽃이 흔들리는 소리
귓가에 속삭였던 아득한 그 말들

세상의 온갖 소음 속에서
묻힌 채 살아 있는 것들,
묵묵히 먼 길 따라오다가
문득, 자기 발걸음 소리를 듣게 하는 것

누군가의 말끝에 또 울려오는 소리의 기억

빗소리에, 바람 소리에 조용히 묻으며
잊겠다는 말은 하지 않았다
뭔가를 알고 난 후에도 마치 모르는 것처럼
살아갈 수는 있다

세상 모든 것들의 소음 속에서
소리를 껴안는 연습을 하면
─「세상 모든 것들의 소음」 전문

  그렇다고 섣불리 타인의 상처를 보듬으려 들거나 지우려 애쓰지는 않는다. 떠나는 이들을 향해 의례적인 인사를 건네기보다는 차라리 "인사를 하지 않"는 선택을 한다. "꽃이 지는 것처럼, 바람이 잦아든 것처럼/ 그렇게 사라지는 것도 있는 법"임을 아는 나이가 된 것이다. "빗방울은 마른 뒤엔 흔적도 없고/ 꽃이 졌다는 것을 나무는/ 겨울이 오면 잊게 될 테지"만 "어떤 날의 빗소리처럼 문득 떠"오르는 소리로 잊힌 존재들과 그들이 살다 간 시간이 떠오르기도 할 것이다. "소리는 기억에 오랜 자취를 남기고" 시의 주체는 "세상의 온갖 소음 속에서/ 묻힌 채 살아 있는 것들"을 "누군가의 말끝에 또 울려오는 소리의 기억"으로 떠올려 본다. 억지로 잊으려고도 애써 기억하려고도 하지 않으며 "뭔가를 알고 난 후에도 마치 모르는 것처럼/ 살아갈 수는 있"음을 담담히 받아들이며 "세상 모든 것들의 소음 속에서/ 소리를 껴안는 연습을 하"고자 한다.

 김지윤 시의 주체가 보이는 이런 태도에서는 타인의 상처에 대해 함부로 말하거나 재단하려 드는 세상에 대한 항변이 느껴진다. "어떤 색도 스미지 못하는 흰 것의 코팅된 표면"을 보며 "모두 탄성을" 지르고 "표백된" 흰 것을 추구하며 "공장에서 갓 나온"(『흰』) 듯 똑같은 빛깔을 띠고 있는 세상이 타인의 아픔이나 얼룩을 제대로 이해할 리 없다. 얼룩을 극도로 꺼리는 표백된 흰 세계는 김지윤의 시가 추구하는 방향의 반대편에 서 있는 세계이기도 하다. 생명을 지닌 존재들이 살아가면서 필연적으로 지닐 수밖에 없는 상처와 얼룩의 시간이 삭제된 빛깔이자 아무것도 하지 않아서 유지되는 빛깔로 김지윤의 시는 흰색을 재해석한다. 선량하고 하얗지만 아무것도 없는 텅 빈 세계에서 상처받은 시인은 세상 모든 것들의 소음 속에서 소리를 껴안고 기억하는 연습을 담담히 하고 있다.

3.
 "빈 그림을 채우는 건 때로 여백/ 빈 노래를 채우는 건 때로 침묵"이듯 "때로는 망쳐서 더 좋은 그림도 있는 것"임을 김지윤 시의 주체는 잘 알고 있다. "어떤 것은 해명되지 않고 지나가도/ 좋은 나이가 되었"(「오히려 좋은」)기 때문이다. 나이를 먹는다는 것은 때론 폭풍 같고 열탕 같은 시간을 지나 침묵과 여백에 좀 더 가까워지고 빈자리를 품을 줄 아는 여유를 갖게 되었다는 뜻이기도 하다.

  첫 시집에서부터 김지윤은 사랑이 많은 시인이었지만 그사이 세월의 무게가 쌓이면서 김지윤의 시는 여백을 그대로 놓아둘 줄도 품을 줄도 알게 되었다. 무대 위보다는 무대 밖으로 시적 주체의 시선이 향하고 타이틀곡보다는 B-사이드에 숨어 있는 곡에 더 마음이 가는 것은 그런 까닭이겠다. 앞만 바라보거나 중심만을 추구하는 세상의 속도에서 비켜서서 사라져 가는 뒷모습을 궁금해하고 주변을 돌아볼 줄 아는 비딱한 자리에 김지윤의 시는 서고자 한다.

    라디오에서 틀어 주지 않는 희망곡
    잊힌 명곡들은
    B-사이드에 있어

    비운 것과 떠난 것과 사라진 것을
    분간할 줄 모르게 된 이후에

싸늘해질 일에도 피가 식지 않고
마음이 뜨거워도 오한이 나지 않을 때

잃은 것과 빼앗긴 것, 버린 것을
구별할 수 없게 되었다는 걸
모르고, 모른 척한 채

모르는 죽음들, 애도하지 않은 상실
꺼져 버린 등불들
언제나 B-사이드에 있었지
사라지며, 사라지며, 그래도 살아지며

제목을 잊어버린 노래,
가사가 생각나지 않는 그 노래
원한다면 뒤집기만 하면 돼

조금 시끄러워질 거야,
볼륨을 높일 준비를 해.

—「B-side」 부분

스포트라이트를 받는 건 주로 타이틀곡이라 리드싱
어조차 무대 위에서 타이틀곡만 부르다 보면 "스포트라

이트 바깥의 어둠을 잊"게 마련이지만 의외로 "잊힌 명곡들은/ B-사이드에 있"는 경우가 많다. "라디오에서" 조차 "틀어 주지 않는 희망곡"이지만 누구에겐가는 삶을 지탱하게 하는 희망곡이 되기도 했을 것이다. B-사이드를 잊은 삶이란 "싸늘해질 일에도 피가 식지 않고/ 마음이 뜨거워도 오한이 나지 않"는 삶임을, "잃은 것과 빼앗긴 것, 버린 것을/ 구별할 수 없게 되었다는 걸/ 모르고, 모른 척한 채" 살아가는 삶임을 시의 주체는 알고 있다. "제목을 잊어버"리고 "가사가 생각나지 않는 그 노래"처럼 B-사이드의 존재를 잊은 삶은 삶의 소중한 가치를 더불어 망각한 삶임을 김지윤의 시는 말하고자 한다. "모르는 죽음들, 애도하지 않은 상실/ 꺼져 버린 등불들"처럼 B-사이드에서 잊혀 가는 노래를 듣고 싶다면 "조금 시끄러워"지더라도 제대로 살아볼 수 있을 거라고 말이다.

    빗금 그어진 문장
    거기서부터 이야기를 시작하자

    그림자와 그늘이 구분되지 않고
    햇살과 전등 빛이 분간되지 않을 때
    시점이 사라지고

점점 흐려지는 소실점

더 이상 어디를 향해야 할지 모르고
서로의 거리를 알 수 없게 되고
길이 모이는 곳에서 만나자던
약속이 사라질 때

다시 이야기를 시작하자

누설하지 않았던 혼잣말
모르는 세계의 첫 언어처럼 발음하며
다시 서로를 처음 보는 사람처럼 눈에 담으며
낯선 질문을 하듯 이름을 부르면
대답으로 새로운 문장이 태어날 거야

빗금은
새로운 행과 연이 시작되는 지점

빗줄기는 사선을 그리며 내리고
별들은 기울어지며 흐르네,
넝쿨은 비스듬히 타올라 담장을 넘지

세상의 층계는 모두 빗금을 닮아서

뒤집으면 위로 향하던 계단들이

새로운 방향으로 비스듬히 서겠지

그러니

빗금으로부터

—「빗금으로부터」 전문

  빗금은 세상을 바라보는 시적 주체의 시선을 보여 주는 표상이다. "빗금 그어진 문장"은 이미 있었던 것에 대한 부정이자 새로운 시작을 의미한다. 비슷해 보이지만 분명히 다른 차이를 분간하는 것이 어려워질 때, "시점이 사라지고" "소실점"이 "점점 흐려"져서 "더 이상 어디를 향해야 할지 모르고/ 서로의 거리를 알 수 없게" 될 때 "다시 이야기를 시작하자"고 시의 주체는 말한다. 그런 점에서 빗금은 끝에서 다시 일어서는 시작의 언어이자 희망의 언어이다.

  고정관념을 버리고 "다시 서로를 처음 보는 사람처럼 눈에 담으며/ 낯선 질문을 하듯 이름을 부르면/ 대답으로 새로운 문장이 태어날 거"라는 희망을 품게 하는 말이다. "빗금은/ 새로운 행과 연이 시작되는 지점"이자 시인이 생각하는 시의 자리이다. 시인이 바라보는 세상에서 "빗줄기는 사선을 그리며 내리고/ 별들은 기울어지며 흐르"고 "넝쿨은 비스듬히 타올라 담장을 넘"는다. 대단히 불온하고 전복적인 시선은 아니지만 조금 삐딱하게 비스듬히 바라보는 세상은 담장을 넘는 생명력을 품을 줄 안다. "새로운 방향으로 비스듬하게 서"자 다른 세상이 열린 셈이다. 김지윤이 꿈꾸는 시는 아마도 이런 힘을 지닌 시일 것이다.

  예민하게 타자를 향해 귀를 열어두고 마음의 소리를 들으려고 하는 시인은 "다 그렇지, 라는 당연한 말", "다들 그래, 라는 말"이 "새로 난 어린싹 위로 몸을 기울여/ 함부로 그늘을 쏟아 버리는 키 큰 나무가/ 남은 햇볕 한 점까지 거두어 가는 소리"임을 안다. "조용히, 쉿, 혹은 닥쳐, 같은" 입을 막아 버리는 폭력적인 소리임을 아는 것이다. 그런 "당연한 말"들을 향해 시인은 "묘비 없는 봉분들처럼 무안한 얼굴을 하고라도/ 버려진 말들을 하나씩 주워 들고/ 어쩌면 가망이 없더라도," "아니, 그런 게 아니야라고 있는 힘을 다해서"(「당연한 말」) 외치고자 한다. "흩어진 글자가 아니라 합쳐져 문장이 되는,/ 부서진 음표가 아닌, 모여서 노래가 되는 것들"(「선(線)」)의 세상을 시인은 꿈꾼다.

4.

  김지윤 시에 나타난 시간에 대한 인식도 눈여겨볼 만하다. "지난해의 꽃들은/ 어느 땅에 묻혀" 있을지 궁금해하는 시적 주체는 "아름다운 것들이 죽어서 이름이 없어진/ 잃어버린 시절의 흔적을 감추는 겨울 흙"에서 "작은 씨앗의 뿌리"가 자라나 다시 "푸르러질 준비를 하고" "낡은 땅에서 새 풀이" 자라는, 봄의 순환하는 시간에 관심을 가진다. 김지윤 시의 주체가 생각하는 "역사란" "죽은 이름이 산 이름을 기르"는 시간이다. "새로운 것으로 가득한 눈부신 봄날/ 문득 스치는 바람으로 옛 냄새를 기억하는 것"이 우리가 "봄이라고 부르"는 "정녕 끝나지는 않는 그런 노래"(「봄」)임을 시인은 표방한다.

    올봄에도
    돌무덤 옆에 핀 수선화

    흙도 못 덮고 풀 한 포기 심을 수 없는
    애기 무덤들 위에 꽃잎 몇 개 떨구어
    차가운 돌멩이 위에 이불 덮으며

    수선화 꽃이 지키고 선 무덤가

엄마 목소리처럼 가만가만 부는 바람

미안하다 애야
네가 이렇게 대신 아프고 갔는데도
아직도 우리는 병중(病中)이구나

그래도 어둠을 밝히는 꽃등처럼,
앓는 아이 방에 밤새 켜두는 미등처럼,
환히 피어 있는 수선화

—「수선화-제주 너븐숭이에서」 전문

  죽은 이름이 산 이름을 기르는 역사의 시간을 잘 보여 주는 장소로 김지윤의 시는 제주도를 소환한다. 제주도는 4·3의 기억이 아로새겨진 땅이자 아직 진정한 애도가 이루어지지 못한 상처투성이 땅이다. 인용한 시의 부제에 등장하는 '너븐숭이'는 제주시 조천읍 너븐숭이 4·3 유적지를 가리키는데, 그곳에는 애기 돌무덤 20기가 남아 있다고 한다. 이념의 광기에 휩싸여 국가의 이름으로 국민들을 학살한 비극적 역사의 현장에서 아이들조차 예외가 아니었다. "올봄에도/ 돌무덤 옆에 핀 수선화"를 바라보며 시의 주체는 "흙도 못 덮고 풀 한 포기 심을 수 없는/ 애기 무덤들"을 "수선화 꽃이 지키고 선" 모습을 포착한다. "엄마 목소리처럼 가만가만 부는 바람"결에 마치 이런 한탄의 소리가 들려오는 듯하다고 시의 주체는 느낀다. "미안하다 얘야/ 네가 이렇게 대신 아프고 갔는데도/ 아직도 우리는 병중(病中)이구나".

애기 돌무덤과 '큰넓궤'가 말해 주듯 4·3의 기억으로부터 아직 누구도 해방되지 못한 땅일 텐데도 제대로 된 사과도 진상규명도 애도도 이루어지지 않았다는 사실을 김지윤의 시는 기억하고자 한다. 수많은 관광객들이 제주를 찾지만 4·3의 상흔은 아직도 치유되지 못한 채 기억에서 점점 멀어져 가고 있다는 사실을 시인은 안타까워한다. "관광버스가 지나는 길에서 깊숙이 벗어난 데서" "날마다 혼자 더 늙어가"는 동굴을 기억 속으로 소환하면서 김지윤의 시는 "다들 그들을 모른대도, 모두 잊었대도/ 동굴은 그들을 알고 있"(「큰넓궤」)음을 힘주어 말한다.

나를 찾아 주세요

여행책자에서 찾지는 마세요
저 화려한 관광지들에 나는 없으니
나는 역사책에서도 찾아볼 수 없어요
텔레비전의 그 숱한 정보 속에도 없죠.
나는 총칼과 화염 속에 사라진 분단의 그림자

그러나 국립현충원에서 나를 찾지 마세요
저 장엄한 전쟁기념관에도 나는 없어요
나의 빈 묘 앞에 와서 울지 말아요
나는 거기 없으니.

나는 붉은 화산송이 흙 한 줌으로,
여울목 까마귀 울음 한 자락으로,
눈물처럼 매달린 바람등칡 꽃으로
어둠 속에서도 자라는 마삭풀 덩굴로
남아 있어요, 당신 곁에.

그러니 당신, 부디 눈을 뜨고
오랫동안 귀기울여 주세요
나를 찾아 주세요

—「헛묘」전문

9·11 테러 1주기 기념식에서 낭송되어 널리 알려진 Mary Elizabeth Frye의 시 「Do not stand at my grave and weep」에서 영감을 얻었다고 시인이 직접 밝히고 있는 시이다. "나의 무덤에 서서 울지 말아요./ 나는 거기에 없으니. 나는 잠든 게 아니에요."라고 Mary Elizabeth Frye가 노래했듯이 김지윤은 노래한

다. "나를 찾아 주세요" "나의 빈 묘 앞에 와서 울지 말아요/ 나는 거기 없으니."라고.

제주 서귀포시 안덕면 동광리에 있는 임문숙 일가의 헛묘가 이 시의 소재가 되었을 것이다. 4·3 사건 희생자의 시신을 찾지 못해 옷가지 등을 대신 넣어둔 헛묘는 4·3 유적지로 제주도에 남아 있다. 〈헛묘〉라는 영화도 만들어지면서 관광객들의 발길이 닿게 되었지만 아직도 우리 사회는 4·3 사건에 대한 제대로 된 애도의 시간을 갖고 있지 못하다. "여행책자에서 찾지는" 말라거나 "역사책에서도 찾아볼 수 없"다는 말은 그런 현실을 반영한 것이겠다. "나는 총칼과 화염 속에 사라진 분단의 그림자"이니 "국립현충원에"도 "저 장엄한 전쟁기념관에도" 없다고 시의 주체는 희생자의 목소리로 말한다. "나의 빈 묘 앞에 와서 울지 말"라고 "나는 거기 없"다고.

"나는 붉은 화산송이 흙 한 줌으로,/ 여울목 까마귀 울음 한 자락으로,/ 눈물처럼 매달린 바람등칡 꽃으로/ 어둠 속에서도 자라는 마삭풀 덩굴로/ 남아 있어요, 당신 곁에."라고 헛묘의 주인인 희생자의 목소리로 말하게 함으로써 시인은 제주의 자연 속에 깃들어 있는 역사의 시간과 그곳에서 살았던 이들을 불러낸다. 당신들이 "부디 눈을 뜨고/ 오랫동안 귀기울여" 줄 때 "나를 찾"는 일과 진정한 애도가 가능함을 시인은 말하고 싶었을 것이다.

물론 제주와 4·3은 이 땅에서 되풀이되는 죽음과 애도를 말하기 위한 알레고리이기도 하다.

5.

시인은 "자꾸만 작아지는 세상 속에 사"는 오늘의 소시민들을 돌아본다. 지금, 여기를 살아가는 이른바 중산층 소시민들은 "적게 분노하고 적게 대화하고 적게 꿈꾸며/ 작은 휴대폰 화면, 사각 모니터 위에 머리를 파묻고/ 140자 글자 제한 속에 언어를 줄이며/ 작은 목소리로 말하거나 아예 침묵하"면서 "작은 평화 속에서 작은 하루를 사는" 사람들이다. "세상 모든 굶주린 이들을 살릴 수 있는 음식들에서/ 가져온 밥알들을 우리 식구 밥숟갈에 얹어서" "내 새끼들과 밥을 먹"고 "다른 이의 어둠에서 빛을 끌어와/ 내 집에 불을 밝혀 내 추위를 녹이"(「소인국」)는 사람들의 모습과 나는 얼마나 다를까. 김지윤의 시적 주체는 이런 불편한 질문을 던지기를 마다하지 않는다. 이번 시집에서 공들여 드러내고 있는 기후 위기에 대한 시인의 인식도 그와 다르지 않다.

> 흰동가리와 자리돔들을 놓고
> 어떤 환경과학자가 한 실험.
> 산성이 되어 가는 바다에서

물고기들은 청력도 미각도 잃어 간다고

조용히, 무감이, 가만히
있으라고, 산성이 되어 버린 바다에선
물고기들이 서서히 조금씩
저도 모르는 새 죽어 간다지

오른쪽, 왼쪽, 방향도 잃게 된다지,
무거운 적막이 도둑처럼 스며들면
잔인한 포식자가 다가와도
물소리조차 들을 수가 없겠지

길 잃은 물고기들 자꾸만 사라져 가고
침묵의 죄를 침묵이 덮고
수많은 목숨들이 무수히 삼켜져 가는
숨막히게, 숨막히게 조용한 날들

세상의 모든 이에게 목소리를 없앤다면
눈 감으면 서로 구별할 수 있을까
같은 맛과 같은 소리만 있고
하나의 기억과 하나의 말만 남는 지옥

        넓은 바닷길을 가는 물고기들

        눈꺼풀도 없이 얼마나 오래 고요한 심연을 응시할까

        소리를 넣어 주고 싶다

        온갖 맛들을, 혀 위에 얹어 주고 싶다

        시끄러워져라, 세상아
                                —「산성의 바다」전문

 고도로 발달한 인류 문명이 만들어 놓은 세상은 "같은 맛과 같은 소리만 있고/ 하나의 기억과 하나의 말만 남는 지옥"에 지나지 않았다. "산성이 되어 버린 바다에"서 "서서히 조금씩/ 저도 모르는 새 죽어" 가는 것이 비단 물고기만은 아닐 것이다. "조용히, 무감이, 가만히/ 있으라"는 전언이나 "오른쪽, 왼쪽, 방향도 잃게" 되어 "자꾸만 사라져 가"는 "길 잃은 물고기들"의 모습에서는 "침묵의 죄를 침묵이 덮고/ 수많은 목숨들이 무수히 삼켜져 가는"데도 "숨막히게, 숨막히게 조용한 날들"이 계속되고 아무도 책임지지 않는 지금, 여기의 모습이 연상된다.

 우리 모두는 연결되어 있는 존재이므로 서로의 존재를 돌보지 않으면 공멸로 갈 수밖에 없음을 김지윤의 시적 주체는 보여 주고자 한다. "세상의 모든 이에게 목소리를 없앤다면/ 눈 감으면 서로 구별할 수" 없는 지옥이 펼쳐질 것이다. 하나의 기억과 하나의 말만을 강요하는 세상에 맞서 시인은 "소리를 넣어 주고 싶다"고 말한다. "시끄러워져라, 세상아"는 시인 김지윤이 세상을 향해 거는 주문이자 시를 쓰는 이유일 것이다. 더 시끄럽게 다양한 목소리를 내면서 끊임없이 말하고 침묵을 깨는 일. 그것이 곧 기후 위기 시대에 오늘의 시가 해야 할 일임을 시인은 말하고 싶은 것인지도 모른다.

김지윤의 시적 주체는 "꼭지와 씨앗이 곱게 도려내진 채 청과상 쇼윈도에 갇히느니" "누군가의 접시로 실려가/ 조용하고 우아한 칼놀림 아래 같은 크기로 8등분 되느니" "차라리 떨어져 깨"져 "속살 드러난 난만한 붉음이 되"겠다고 선언한다. "신나게 땅에 떨어"져 "단숨에 땅을 들이받겠"다는 선언은 온 존재를 다해, 존재의 생명을 힘껏 들이받으며 온몸으로 부서지듯 살아가겠다는 삶의 태도에서 온 것이다. 자신의 의지와 상관없이 도려내지고 길들여진 존재로 살아가느니 "속살 드러낸 난만한 붉음이 되도록" "떨어져 깨"져 "온 사방에 부서지는 사과 향기를 흩뿌리겠"(「사과 한 알」)다는 찬란한 생의 의지를 피력한다.

나는 너를 살리겠어,

땅이 뿌리에게
숲이 나무에게
빛이 어둠에게 하는 말

어딘가의 얼음이 녹고
어딘가의 나무는 불타오를 때
잡을 수 없는 불길 속
모두가 집을 잃어갈 때

찢겨진 해안선
모래가 삼킨 호수
더 이상 자라지 않을 검은 뿌리
기다리는 비는 오지 않고

이것은 다만
우리에게 남은 마지막 말
나는 너를 살리겠어,

숨겨진 곳 비집고 들어간
빗방울이 풀잎에 닿는 소리

그늘을 걷고 새어든
봄볕이 얼음을 깨는 소리

죽음이라고 써서
삶이라고 발음해 보는 일

바람이 품고
물이 기르고
흙이 거두어

같이 살고 같이 죽을 너,
라고 부를 때

내 입술에서 흘러
너에게 스미는
희미한 숨

— 「스미는 숨」 전문

    인류의 문명이 초래한 기후 위기 앞에서 김지윤의 시적 주체는 "땅이 뿌리에게/ 숲이 나무에게/ 빛이 어둠에게 하는 말"을 듣는다. 그것은 "*나는 너를 살리겠어,*"라는 절박한 생명의 소리이다. "어딘가의 얼음이 녹고/ 어딘가의 나무는 불타오"르고 "잡을 수 없는 불길 속/ 모두가 집을 잃어" 가는 일이 이미 우리에게 일어나고 있지만 한 치 앞의 욕심에 눈이 어두워진 우리들을 향해 시인은 절박하게 외친다. "이것은 다만/ 우리에게 남은 마지막 말"이라고. "나는 너를 살리겠어,"라는 메시지가 반복되면서 마치 주문처럼 "빗방울이 풀잎에 닿는 소리"와 "봄볕이 얼음을 깨는 소리"가 들려오기 시작한다. "죽음이라고 써서/ 삶이라고 발음해 보는 일"을 통해 죽음을 삶으로 되돌려 놓는 기적 같은 일을 김지윤의 시는 하고 싶어 한다. "바람이 품고/ 물이 기르고/ 흙이 거두어" 온 자연의 힘이자 생명의 힘으로 "같이 살고 같이 죽을 너,"라고 힘껏 부름으로써 "내 입술에서 흘러/ 너에게 스미는/ 희미한 숨"을 살려내 보고자 하는 것이겠다.

"빈손은 맞잡으면 채워지"고 "우린 망가진 채로도 하나가 될 수 있"다는 믿음을 지닌 시인이기에 아직 우리에게 희미한 숨이 남았다고 말할 수 있는 것인지도 모르겠다. "서로의 소리에 귀 기울여/ 나는 너의 빈 곳을,/ 너는 나의 부서진 곳을/ 기어이 찾아"(「화음」)낼 수 있다면 우리는 모자라고 망가진 채로도 화음을 만들어낼 수 있을지도 모른다. 아니, 우리에게 다른 선택지는 없다. 공존과 공생을 위해서는 더 많은 색과 더 시끄러운 소리를 내며 가까스로 "희미한 숨"을 지켜내 내가 너를, 네가 나를, 그렇게 우리가 우리를 살리는 길밖에 우리에게 남아 있지 않음을 김지윤의 시는 낮은 목소리로 웅변한다. 이제 시인이 건네는 절박한 말에 우리가 응답할 차례이다.

청색지시선 11

피로의 필요
김지윤 시집

초판 1쇄 발행 2024년 1월 3일

지은이   김지윤
펴낸곳   청색종이
펴낸이   김태형
인쇄   범선문화인쇄
등록   2015년 4월 23일 제374-2015-000043호
주소   서울시 영등포구 문래동2가 14-15
전화   010-4327-3810
팩스   02-6280-5813
이메일   bluepaperk@gmail.com
홈페이지 bluepaperk.com

ⓒ 김지윤, 2024

ISBN 979-11-93509-13-5 03810

이 도서는 저작권법에 따라 보호받는 저작물이므로 저작권자와 출판사의 허락을 받아야 복제하거나 다른 용도로 사용할 수 있습니다.

값 12,000원